高等职业教育新形态一体化系列教材
广州铁路职业技术学院“双高计划”项目成果

轨道交通车辆制动机实训手册

管春玲　范　嘉　主　编
万　幸　主　审

中国铁道出版社有限公司
CHINA RAILWAY PUBLISHING HOUSE CO., LTD.

内 容 简 介

本书是城市轨道车辆应用技术专业制动课程的实训教材，以轨道交通车辆上的电—空直通式制动系统为典型制动系统，对制动系统的检修工艺过程、作业流程、安全注意事项及职业素养等方面进行了详细阐述。本书内容包括空气压缩机的检修、供风系统附件的检修、电—空直通式制动系统的检修、基础制动及防滑系统的检修。

本书坚持"岗位上做什么，技能就练什么"的原则，强调学习能力和实践能力的培养、注重综合素质的养成，可为轨道交通车辆技术专业学生及轨道交通类企业员工提供学习支持。

图书在版编目(CIP)数据

轨道交通车辆制动机实训手册/管春玲，范嘉主编. —北京：中国铁道出版社有限公司，2022.1

高等职业教育新形态一体化系列教材

ISBN 978-7-113-28464-0

Ⅰ. ①轨…　Ⅱ. ①管…　②范…　Ⅲ. ①轻轨车辆-制动器-高等职业教育-教材　Ⅳ. ①U270.35

中国版本图书馆 CIP 数据核字(2021)第 211852 号

书　　名：**轨道交通车辆制动机实训手册**

作　　者：管春玲　范　嘉

责任编辑：张松涛　　　　**编辑部电话**：(010)83527746

封面设计：曾　程　高博越

责任校对：焦桂荣

责任印制：樊启鹏

出版发行：中国铁道出版社有限公司(100054，北京市西城区右安门西街 8 号)

网　　址：http://www.tdpress.com/51eds/

印　　刷：三河市兴达印务有限公司

版　　次：2022 年 1 月第 1 版　2022 年 1 月第 1 次印刷

开　　本：787 mm×1 092 mm　1/16　**印张**：5.25　**字数**：130 千

书　　号：ISBN 978-7-113-28464-0

定　　价：25.00 元

前言

《轨道交通车辆制动机实训手册》是轨道交通车辆专业的一本工作手册式实训教材。为突出职业教育教材的类型教育特征，适应知行合一、产教融合的教学改革要求，体现职业性、时效性和实践性，本书将轨道交通企业工作手册的编写方式引入教材建设，并配套开发了信息化资源。本书通过校企"双元"合作开发，以行动为导向、以任务为驱动，紧跟信息技术发展和产业升级及时动态更新或调整手册中的作业内容，从而实现了学习任务与工作任务、学习标准与作业标准、学习过程与生产过程的相互统一。

本书以建构主义理论为指导，以任务、活动为基本单位组织内容，各基本组织单位相对独立，既可自由组合使用，又可独立更新。基本组织单元融入职业素养和职业道德，覆盖轨道交通车辆制动系统检修与维护过程中完成各典型工作任务所使用的工器具、技术、工艺、方法及可能遇到的问题，形成了知识、技能与课程思政融为一体的内容体系。同时配套开发了检修轨道交通车辆制动系统所对应的信息化资源，并以互联网为载体，运用在线教育平台将传统纸质媒体与新兴数字媒体相融合，利用不同媒体的互补优势，充分展示教材内容。学习者通过扫描书中相关二维码或点击相关链接即可随时随地观看制动系统信息化资源，直观了解专业知识及现场生产过程，利用碎片化时间实现自主学习，以顺应信息化教学需求。

本书收录的检修与维护轨道交通车辆制动系统的所有典型工作任务均由学校合作企业提供，在此表示衷心感谢！

本书由广州铁路职业技术学院管春玲、中国铁路广州局集团有限公司广州动车段范嘉主编，中国铁路广州局集团有限公司广州动车段高延财和广州地铁有限公司王新周参与编写，中国铁路广州局集团有限公司广州动车段万幸主审。

本书力求实用，注重实践。由于工作手册式教材的开发尚有众多难题未解决，还需要在实践中不断完善，因此，书中难免有不妥之处，敬请读者多提宝贵意见，以便今后不断完善。

编　者

2021 年 7 月

目 录

项目一
空气压缩机的检修

通过本项目的学习，要求熟悉空气压缩机（简称"空压机"）的检查与维护工作内容，能根据工艺流程开展检修维护工作，并能按工艺标准高质量地完成空压机的检修工作。

检修空气压缩机的学习任务单

<table>
<tr><td>学习情境</td><td colspan="3">利用制动机实训室及VR虚拟仿真实训室，创设与企业真实工作情境尽量一致的学习情境，让学生在知识应用情境中开展检修工作</td></tr>
<tr><td>学习任务</td><td colspan="3">根据工艺流程，检修活塞式空气压缩机及螺杆式空气压缩机</td></tr>
<tr><td>典型工作任务</td><td colspan="3">空气压缩机运转一段时间后，根据检修规程，需要分别检查空气压缩机的油位、检查真空指示器、更换过滤器滤芯、清洗冷却器及更换润滑油</td></tr>
<tr><td rowspan="2">学习目标</td><td>知识目标</td><td>能力目标</td><td>素养目标</td></tr>
<tr><td>1. 熟悉轨道车辆上采用的空压机结构、原理
2. 熟悉空压机的检修维护内容
3. 熟悉空压机专项检修项目的工艺流程
4. 熟悉空气干燥器及各附件的结构原理</td><td>1. 能正确检查、维护空压机
2. 能正确更换润滑油
3. 能正确更换干燥器
4. 能正确更换空气过滤器滤芯
5. 能正确更换油过滤器滤芯</td><td>1. 培养正确的劳动观念、高度的责任意识及良好的行为习惯，形成严谨务实的学风，养成爱岗敬业精神
2. 规范作业、精益求精
3. 培养爱党爱国情怀及专业认同感与自豪感</td></tr>
<tr><td colspan="4">慕课开放平台首页网址：http://mooc.icve.com.cn/</td></tr>
</table>

任务一　检修维护活塞式空压机

活动1　知识准备

给气体加压并将气体连续送出的机器即为空气压缩机，是将电动机的机械能转换成气体压力的一种装置，是机车车辆、地铁及动车组供风系统中的核心动力设备，为车组上所有的用风设备提供具有一定压力的压缩空气（也称为压力空气）。

空压机种类繁多、形态各异，因而有多种分类方法，比如按工作原理分类、按压力分类、按润滑方法分类、按冷却方式分类等，最常用的分法是按工作原理分类。依据压缩机的工作原理可分为速度式和容积式两大类，常见的离心式、轴流式压缩机均属于速度式，活塞式、螺杆式、滑片式、转子式空压机则属于容积式。

通常列车中配置两套供风系统，因而有两台空气压缩机，即空压机的结构是冗余的，如果其中一个空压机故障，则另一个空压机将接替它继续工作。目前我国机车车辆、地铁及动车组上采用的压缩机主要有活塞式空气压缩机组和螺杆式空气压缩机组，常见的型号为VV120 型 AC 380 V/50 Hz 活塞式及 SL20-5 型螺杆式，均属于容积式。

一、概述

VV120 型活塞式空气压缩机结构紧凑，由 380 V 三相 50 Hz 交流电动机驱动，转速为1 450 r/min 时，供风量可达 920 L/min，工作压力 0 ~ 9 bar（1 bar = 10^5 Pa，不同车型整定值不同）。该压缩机采用三缸（一个高压缸、两个低压缸）两级压缩结构，三缸以 W 形排列，空气由低压缸预压缩之后，通过冷却器冷却，然后至高压缸进一步压缩到最终水平，高压阶段的空气经再次冷却送入后续部件。该压缩机噪声小，在 4.6 m 范围内只有 64 dB。为便于安装和维护，VV120 型压缩机组为紧凑型、自立式、法兰安装，以模块的形式安装在一个框架上；整个压缩机模块通过四个弹簧弹性安装在供风模块里，通过弹簧减振器吸收空压机组与框架之间的振动，隔离空压机振源。同时为避免噪声传向空压机后续部件，空压机通过柔性软管与供风模块中的后续管路相连。

视 频

活塞式压缩机结构

二、空压机结构

VV120 型空气压缩机由固定结构、运动机构、空气压缩系统、冷却与润滑系统等部分组成。

1. 固定机构

固定机构主要由曲轴箱、气缸及气缸头组成。曲轴箱下部盛有润滑油，箱体两端各有一个支承曲轴的轴承座孔。箱体上部有三个安装气缸体的座孔，前端两个安装座孔用来安装低压缸，呈 V 字形排列，后端座孔安装高压缸，呈垂直方向。

2. 运动机构

运动机构主要由曲轴、连杆、活塞及轴承等部件组成。电动机通过弹性联轴器连接到压缩机曲轴上，弹性联轴器免维护，有很高的扭转刚性，可避免压缩机内的扭振。曲轴上有两个曲柄，两个低压连杆并排安装在前端的同一个曲柄上，高压连杆独立安装在后端的曲柄上。曲轴的旋转运动通过连杆转化为活塞的往复运动。每转动一次，连杆连同大端下部安装的打油针浸入油池中，不断地把油池中的润滑油挑起来，飞溅到气缸壁上实现飞溅润滑。

在连杆的带动下活塞在气缸中往复运动，并与气缸构成压缩容积。活塞分为高压活塞和低压活塞两种，高压活塞的直径为 75 mm，低压活塞的直径为 95 mm。高、低压活塞中部均有活塞销孔，通过活塞销与连杆小端相连。活塞下部称为裙部，承受侧压力和起导向作用。活塞上部装有三道活塞环，上面两道为气环，起气密作用；最下面一道为油环，对气缸壁上的润滑油起布油和除油作用，使气缸上的油膜分布均匀。

3. 空气压缩系统

空气压缩系统主要包括空气过滤器、进排气阀、气缸头、气缸等。

1）空气过滤器

在新鲜空气进入低压气缸的通道中设置了集成纸质空气过滤器，对空气进行清洁过滤，其高度的过滤性为空压机提供了最佳保护,可确保进入空压机内的空气洁净不含杂质。过滤后的空气进入消音器,之后才被空压机吸入低压缸。该空气过滤器采用过滤纸过滤,与油浴式空气过滤器相比,过滤效果较好,且带有一个消音器,但相应的成本也高。然而集成干燥型空气过滤器明显比油浴式空气过滤器使用更方便快捷,维护保养成本更低,仅需更换过滤器滤芯即可;也可通过观察安装在消音器上的真空指示器,根据实际的脏污程度来调整更换周期。

2)进、排气阀

主压缩机每个气缸上都有一个气阀部,由进气阀和排气阀两部分组成,每个气阀主要由阀座、阀盖、进气阀片、排气阀片、弹簧及螺栓等组成。活塞下行时,气缸上部形成真空,具有大气压的空气克服进气阀片弹簧的压力,打开进气阀进入低压气缸,呈吸气状态。当活塞上行时,进气阀在弹簧的作用下关闭,气缸内被压缩的空气顶开排气阀进入中间冷却器,处于排气状态。

3)气缸头

每个气缸上部都安装有一个独立的气缸头,起气缸盖的作用;同时气缸头内布置进、排气的通路,气缸头与冷却器之间通过软管连接。气缸头内还安装有安全阀,保证低压缸和高压缸的排气压力不超过规定值。

4)气缸

3 个独立的气缸呈 W 形排列,其中两个为低压缸,一个为高压缸。气缸内表面为工作表面,外周铸有环状筋板,既加强了气缸的刚度又增大了散热面积。

4. 冷却与润滑系统

主压缩机采用中间冷却和后冷却两种冷却方式。冷却风扇通过黏性联轴器与曲轴相连,能自动根据环境温度及空压机的出口温度改变转速,进行独立的冷却控制。温度越高,黏性联轴器中的液体黏度越大,传递的转矩越大,风扇转速也越高,冷却器的散热能力增强,保证空压机在最适宜的温度下运行;反之温度越低,联轴器内的液体黏度越小,转矩越小甚至不传递转矩,可有效节约能源,达到节能的目的。当风扇结冰或卡住时,黏性联轴器可发挥离合器的作用,分离曲轴与风扇,使曲轴空转,避免事故发生。中间冷却器和后冷却器均为翅片管式冷却器,整合成一个模块,通过冷却风扇进行强迫风冷。后冷却器能将压缩空气的输出温度降低,为下游空气干燥单元提供最佳的工作环境。

主压缩机采用飞溅润滑方式进行润滑,当曲轴旋转时通过连杆带动打油针周期性地把油槽里的油挑起来,飞溅至气缸壁、活塞和曲轴轴承,起润滑作用;飞溅的润滑油可自动回流至曲轴箱油池中,无须附加滤油器、油泵或者阀门等辅助设备,不需要油管连接,结构简单。曲轴箱无通风孔,内部气体通过集油器导向消音器进行排气,故润滑油不会直接泄漏到大气,无油漏泄、无油污染,油消耗极低。通过曲轴箱上的油位指示器可检查曲轴箱内的油量,如果油量过少,可能引起空压机过热并导致气缸炭化。

三、空压机工作原理

空压机分两个阶段工作,在低压阶段上有两个低压气缸,在高压阶段上有一个高压气缸,可分为吸气、压缩、排气和冷却等几个工作过程。

电动机通过弹性联轴器驱动曲轴转动,曲柄连杆机构带动高、低压缸活塞同时在气缸内

视 频

活塞式压缩机工作原理

做上下往复运动。当低压活塞下行时,活塞顶与气缸头之间形成真空,此时由进风口进入、过滤器净化、消音器消声的外界大气,克服吸气阀弹簧的压缩力,推开吸气阀,进入两个低压缸,空压机开始吸气。此时,排气阀在弹簧和中间冷却器内气体压力的作用下处于关闭状态。

当活塞运行到下止点时,空压机吸气结束,曲轴又带动活塞上行,气缸内的空气被压缩,空压机开始压缩。

被压缩气体的压力大于排气阀上方的气压与弹簧压力之和时,将推开排气阀,排出压力空气,压缩机进入排气过程。此时,吸气阀在气缸内压力及其弹簧的作用下处于关闭状态。

经过两个低压缸一级压缩之后,气体压力可升至 3 ~ 4 bar,送入中间冷却器,压缩空气开始冷却。冷却后的低压空气送至高压气缸进一步压缩到最终压力水平,完成第二次压缩,并被送到后冷却器冷却,使其温度降低以便通过空气干燥塔时实现油水分离。经后冷却之后,压缩空气通过出风口进入空气干燥器。

电动机带动曲轴旋转时通过连杆上的打油针周期性地把油槽里的油挑起来,飞溅至气缸壁、活塞和曲轴轴承为各摩擦副提供润滑油。润滑后的润滑油部分自动回流至曲轴箱油池中,剩余部分与空气混合后进入集油器;在集油器中一部分润滑油被收集回曲轴箱,另一部分进入消音器与吸入的新鲜空气混合,被吸入低压缸,进入空气压缩系统。

活动 2 检修维护空压机

一、VV120 型空压机的吊装、运输要求

吊装、运输压缩机时要注意下列事项:

(1)吊装空压机组时要注意利用起吊点,运输时要使用合适的运输托盘,并用绑带或螺栓固定,防止压缩机侧翻或滑移。

(2)冷却器不能作为受力部件。

(3)空压机组重 158 kg,搬运时须使用相应的起重工具。

(4)用叉车将空压机组抬到车辆上之后,通过弹性支承件将空压机组与车辆框架连接。

二、VV120 型空压机的检修与维护

为了使空压机能够正常可靠运行,保证机组的使用寿命,须制订详细的维护计划,进行定人操作、定期维护、定期检查保养,使空压机组保持清洁、无油、无污垢。

表 1-1 给出了 VV120 型活塞式空压机的维护项目及维护周期,可参照规定的内容根据检修规程进行相应的检修与维护。

表 1-1 VV120 型活塞式空压机的维护周期及项目

维护周期	维护作业内容	备注说明
每月一次或每运行 100 h	检查油位	若油量不足,应加油
	检查真空指示器	若真空指示器跳出红色柱塞,则需更换空气过滤器

续上表

维护周期	维护作业内容	备注说明
每年或每运行 1 000 h/12 个月	更换空气过滤器	根据空气污染程度不同,由操作员决定具体更换空气过滤器的间隔周期
	清洁气缸冷却器及散热片	要求干净,无油污等脏物
	目视检查橡胶件、弹簧件等弹性支座	要求无裂纹,螺栓无松动
每年或每运行 2 000 h	更换机油	注意不要污染环境
每运行 12 000 h	压缩机大修	
在拆、装之后	试运转	

一月一次停机检查油位指示器上的油位管,油位不能到达底部刻度(可见区域的底部边缘)。如果润滑油下降,可补充到要求的顶部标记(可见区域的顶部边缘),切记不要超过标记太多,这是因为油位过高时耗油量增大。

活动 3　更换机油

一、工艺流程(数字资源网址:http://mooc. icve. com. cn/)

以某地铁车辆上使用的 VV120 型空气压缩机为例,描述更换机油的作业流程。

首次使用时,运行 20 ~ 30 h 后应换第一次压缩机油。以后每 2 000 h 或 12 个月必须更换一次空压机油。

排油:旋下底部曲轴箱上的注油螺纹塞及排油螺纹塞,把油放出(注意:排出的空压机油是热的,注意危险)。

加油:旋上排油螺纹塞,把润滑油注入曲轴箱,之后再拧紧注油螺纹塞。

排油、加油后,要根据规定的力矩拧紧螺纹塞和密封环。具体作业步骤见表 1-2 及检修生产视频。

表 1-2　更换活塞式空压机油

更换活塞式空压机油作业指导书		
项目:更换活塞式空压机油		
维护时间:每运行 2 000 h 或 12 个月		
工装工具:8 mm、17 mm 内六角扭力扳手,废油桶、注油漏斗等		作业材料:SHELL CORENA OIL P100 润滑油等
安全防护及注意事项:安全停放车辆、排空空气弹簧、辅助风缸及相关管路中的压缩空气、挂防护信号		
作业位置区域:车底		
作业步骤	作业程序及标准	技术要求
1	作业车辆停放在检修区内,施加停放制动	防止动车
2	激活列车、升弓	
3	启动空压机,空压机停止工作后,切断车辆的 1 500 V 电源,预热空压机油	风压 9 bar 时空压机停止工作,工作不超过半小时

续上表

作业步骤	作业程序及标准	技术要求
4	降弓、断电	关蓄电池
5	打开油箱的上部注油螺堵、下部排油螺堵，趁热排除空压机油箱中的油	内六角扳手必须深入到位，防止油堵滑丝；排尽油箱中的旧油
6	拧紧油箱的下部排油螺堵	内六角扳手必须深入到位，转矩 60 N·m；检查铜垫片有无不平及破损，如有则更换
7	向油箱中注入空压机油	油面高度为油管刻度的 2/3
8	拧紧油箱的上部注油螺堵，启动空压机	内六角扳手必须深入到位
9	重复 5 ~ 6 步骤	
10	向油箱中注入空压机油	油面高度为油管刻度的 2/3，约 3.7 L
11	拧紧注油螺堵，画防松标记	内六角扳手必须深入到位，转矩 220 N·m；检查铜垫片有无不平及破损，如有则更换
12	启动空压机，检查空压机的工作情况及注油口与排油口有无漏油现象	应无漏油或渗油情况
13	关闭空压机	
14	清点工具，清理场地	

课程思政：

要求学生开展检修作业时做到“一查”（检查安全措施及信号是否到位）、“二验”（检验工器具、材料、作业工装、手续是否完整）、“三禁止”（禁止穿拖鞋、禁止吃东西、禁止违规作业）、“四鼓励”（鼓励多看、多想、多问、多干）

与学生约法三章，有始有终、一以贯之，将学生的不良习惯及良好行为均纳入课程成绩，通过项目考核引导学生从小事做起、从细节做起，培养正确的劳动观念、高度的责任意识及良好的行为习惯，进而形成严谨务实的作风，养成爱岗敬业精神

结合润滑油的知识讲授，适时融入新技术、新材料的讲解，说明国家在材料领域取得的成就，培养爱党爱国情怀及专业认同感与民族自豪感等

可能存在的问题：

1. 未设置安全防护措施及信号，将危及人身作业安全
2. 在冷机状态下作业，将影响润滑油的更换效果
3. 润滑油滴落到地面，将引起滑倒危险

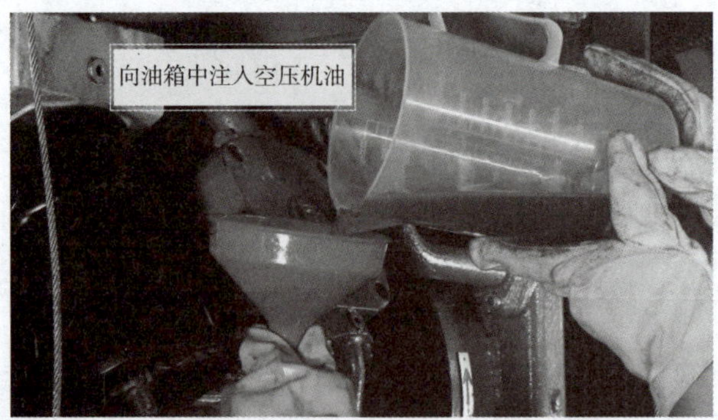

4. 注油螺堵与排油螺堵的材料多以黄铜为主，反复拧紧或拧松，将导致螺纹滑丝
5. 拧紧注、排油螺堵后，存在漏画防松标记的可能
6. 注油螺堵及排油螺堵拧紧转矩若不规范，压缩机运行时存在漏油的可能

二、注意事项

(1)对油位指示器进行目视检查时,空压机须在冷却和卸压状态下。油位应位于两个标记刻度线之间,若油位低于下标(最低),或者下一周期之前就会达到下标则应当加注油,将润滑油加至透明油位显示管的上部边缘处(此处相当于最大注油量)。所用油的等级、黏度必须符合使用要求。

(2)换油时必须在空压机仍处于暖机的状态下将润滑油完全排空。

(3)必须用高压蒸汽清洁气缸的冷却器和散热片,但最高不能超过 70 ℃。当严重脏污时,可以使用符合相关法规的清洁剂、毛笔和非钢丝刷等辅助用品进行清洗。

(4)目视检查弹性支座时,要注意查找橡胶件可能存在的裂纹或脆化处及钢丝弹簧可能存在的断裂股线。

(5)所有的部件在拆卸、更换时,均需对螺纹清洁,去油脂并吹干。连接时须进行防松处理,用乐泰胶 Loctite 274 涂抹螺纹,将圆柱头螺栓及六角螺栓拧紧,在拧紧之后保持 12 h 的硬化干燥时间。

活动 4　更换滤芯

当真空指示器跳出红色指示信号时,表明过滤器中的灰尘很多,需要更换空气过滤器滤芯。以某地铁车辆上使用的 VV120 型空气压缩机为例,描述更换滤芯的作业流程,具体内容见表 1-3。

表 1-3　更换空气过滤器滤芯

更换空气过滤器滤芯作业指导书		
项目:更换空气过滤器滤芯		
维护时间:每运行 2 000 h/12 个月或真空指示器跳出红色指示信号		
工装工具:呆扳手、抹布、画线笔等		作业材料:过滤器新滤芯等
安全防护及注意事项:列车安全停放、空压机断电停机		
作业位置区域:车底		
作业步骤	作业程序及标准	技术要求
1	作业车辆停放在检修区内,施加停放制动	防止动车
2	列车降弓、断电,挂防护信号	
3	用固定扳手拧开端盖螺母	
4	拧下滤芯安装螺母,取出滤芯	
5	清洁滤芯罩内腔、端盖	使用不掉线头的抹布
6	安装新滤芯,拧紧螺母	画防松标记
7	安装端盖,拧紧螺母	画防松标记
8	清点工具,清理场地	

续上表

<table>
<tr><td>

课程思政：

要求学生开展检修作业时做到“一查”(检查安全措施及信号是否到位)、“二验”(检验工器具、材料、作业工装、手续是否完整)、“三禁止”(禁止穿拖鞋、禁止吃东西、禁止违规作业)、“四鼓励”(鼓励多看、多想、多问、多干)

与学生约法三章,有始有终、一以贯之,将学生的不良习惯及良好行为均纳入课程成绩,通过项目考核引导学生从小事做起、从细节做起,培养正确的劳动观念、高度的责任意识及良好的行为习惯,进而养成精益求精及爱岗敬业的精神

结合纸质滤芯材料的知识讲授,适时融入新技术、新材料的讲解,说明国家在材料领域取得的成就,培养爱国情怀、专业认同感与民族自豪感等

</td></tr>
<tr><td>

可能存在的问题：

1. 未设置安全防护措施及信号,将危及人身作业安全
2. 清洁抹布若不规范,将导致管路堵塞
3. 螺母拧紧若不规范,存在端盖松动的可能

4. 作业完成后,存在忘记清理场地的可能

</td></tr>
</table>

活动 5 清洗冷却器

冷却器上灰尘过多将降低冷却效果,压缩机易过热,因此冷却器每年需清洗一次。以某地铁车辆上使用的 VV120 型空气压缩机为例,描述清洗冷却器的作业流程,见表 1-4。

表 1-4 清洗冷却器

<table>
<tr><td colspan="3">清洁冷却器作业指导书</td></tr>
<tr><td colspan="3">项目:清洁冷却器</td></tr>
<tr><td colspan="3">维护时间:每年或每运行 1 000 h/12 个月</td></tr>
<tr><td colspan="2">工装工具:无</td><td>作业材料:清洁剂、专用百洁布等</td></tr>
<tr><td colspan="3">安全防护及注意事项:列车安全停放、空压机断电停机</td></tr>
<tr><td colspan="3">作业位置区域:车底</td></tr>
<tr><td>作业步骤</td><td>作业程序及标准</td><td>技术要求</td></tr>
<tr><td>1</td><td>作业车辆停放在检修区内,施加停放制动</td><td>防止动车</td></tr>
<tr><td>2</td><td>列车降弓、断电,挂防护信号</td><td>防止合闸</td></tr>
<tr><td>3</td><td>按规定比例对指定的清洁剂进行稀释</td><td></td></tr>
<tr><td>4</td><td>将稀释后的清洁剂喷到冷却器上,用百洁布擦拭</td><td></td></tr>
</table>

续上表

作业步骤	作业程序及标准	技术要求
5	用清水洗净,确保清洁度达到Ⅴ级即可	Ⅴ级清洁度:目视检查无成片污迹
6	清点工具,清理场地	
课程思政: 要求学生开展检修作业时做到"一查"(检查安全措施及信号是否到位)、"二验"(检验工器具、材料、作业工装、手续是否完整)、"三禁止"(禁止穿拖鞋、禁止吃东西、禁止违规作业)、"四鼓励"(鼓励多看、多想、多问、多干) 与学生约法三章,有始有终、一以贯之,将学生的不良习惯及良好行为均纳入课程成绩,通过项目考核引导学生从小事做起、从细节做起,培养正确的劳动观念、高度的责任意识及良好的行为习惯,进而形成严谨务实的作风,养成爱岗敬业精神 结合清洁剂的知识讲授,适时融入新技术、新材料的讲解,说明国家在材料领域取得的成就,培养爱国情怀及专业认同感与民族自豪感等		
可能存在的问题: 1. 未设置安全防护措施及信号,将危及人身作业安全 2. 若用高压蒸汽清洁冷却器和散热片,最高不能超过 70 ℃,注意烫伤 3. 当严重脏污时用符合相关法规的清洁剂进行清洗,污水存在污染环境的可能 4. 作业完成后,存在忘记清理场地的可能		

任务二　检修维护螺杆式空压机

活动 1　知识准备

一、螺杆式空气压缩机结构

视　频

螺杆式压缩机结构和工作原理

SL20-5 型螺杆式空气压缩机由干式空气滤清器、三相交流电动机、空气压缩机单元、主转子、副转子、弹性支承电气装置、温度继电器、运行小时读数器、真空指示器、空气滤清器、散热器、空气冷却器、油冷却器、离心式风扇、油控单元、压力开关、离合器、安全阀及其他组件装配而成。空压机单元和油分离器分别置于压缩机外壳。此外,空压机单元还包括油循环和空气循环的过滤、调节及监控部件。连接箱和蜗壳为刚性设计,蜗壳用于容纳离心式风机,该风机固定在电动机与压缩机单元之间的联轴器上。冷却器为气冷和油冷复合结构。空压机组为自承式、紧凑型,通过弹性支承件可弹性安装在车辆上。

螺杆式空压机设计成双轴旋转结构,空压机单元由一对斜齿啮合的转子对组成,转子对具有不对称齿廓,在一个灰铸铁机箱内运行。从动力学上看,转子的结构无任何往复运动的部件,在很大程度上实现了无振动压缩和无脉动输送;同时还可减小支座和联轴器的动态负载,降低驱动装置价格成本及设备运行噪声。

二、螺杆式空气压缩机工作原理

螺杆式空压机的空气压缩为单级压缩,几乎没有脉动,在压缩过程中通过润滑油进行润滑、密封和散热。润滑油在空压机内循环工作使用。由压力传感器或压力开关监测总风管压力,以此来控制空压机的启停。当空气压力低于 7.0 bar 或 8.5 bar(不同车型整定值不同)时,空压机启动;空气压力达到 9 bar 或 10 bar(不同车型整定值不同)时,空压机停机,采用间歇式工作方式。

空气通过空压机单元外壳中的特殊成型开口径向流入、轴向流出。需压缩的气体由进气口吸入,经过空气滤清器和止回阀,进入空压机单元转子的进气侧。随着转子旋转,空气不断被吸入,与润滑油混合压缩后,通过压缩、排气,被挤压到出气口;从空压机单元排出的油气混合物通过压力管输送到折流板处,进行油气初次分离,之后在滤油器中进行精密分离。分离出来的压缩空气推开最小压力阀,进入冷却器,冷却之后由排气口排出,实现供风。分离出来的油则积聚在滤油器的底部,在空压机外壳内过压的作用下,经过滤器、止回阀,再次回流至空压机单元。

为了实现转子齿面之间以及转子齿面与外壳之间的密封,要向空压机转子单元内注油。注入的润滑油吸收并带走压缩时产生的大部分热量,因此压缩过程几乎是等温进行的。为了使内部的回流损失尽可能低,空压机的转速不得低于设定的最低值。

视 频

空压机油检修
(检查油位及补油)

活动 2 检查油位及补油

以某地铁车辆上使用的螺杆式空气压缩机为例,描述检查油位及补油的作业流程,见表 1-5。

表 1-5 检查油位

检查油位及补油作业指导书		
项目:检查油位及补油		
维护时间:每月一次或每运行 100 h		
工装工具:抹布、手电筒等		作业材料:润滑油等
安全防护及注意事项:列车安全停放、空压机断电停机		
作业位置区域:车底		
作业步骤	作业程序及标准	技术要求
1	作业车辆停放在检修区内,施加停放制动	防止动车
2	列车降弓、断电,挂防护信号	
3	观察油位是否处于最高油位“MAX”和最低油位“MIN”之间	油位在“MAX”和“MIN”之间
4	润滑油在观油镜最高油位“MAX”时刚好与加油螺口的最低螺纹处平齐,可缓慢拧开加油螺口查看	如果润滑油油位低于观油镜的下限(MIN)则需进行补油
5	补油步骤 1:确保停机 10 min 后,断开车辆供给供风模块的动力电源	
6	补油步骤 2:用 30# 内六角套筒扳手缓慢拧松加油螺塞	
7	补油步骤 3:加新油至最高油位(油位上限,也即是加油螺口的最低螺纹处)	
8	补油步骤 4:用(18 ± 2) N · m 的扭力旋紧加油螺塞并确保密封圈密封良好	
9	清点工具,清理场地	

续上表

课程思政: 要求学生开展检修作业时做到"一查"(检查安全措施及信号是否到位)、"二验"(检验工器具、材料、作业工装、手续是否完整)、"三禁止"(禁止穿拖鞋、禁止吃东西、禁止违规作业)、"四鼓励"(鼓励多看、多想、多问、多干) 与学生约法三章,有始有终、一以贯之,将学生的不良习惯及良好行为均纳入课程成绩,通过项目考核引导学生从小事做起、从细节做起,培养正确的劳动观念、高度的责任意识及良好的行为习惯,进而养成精益求精及爱岗敬业的精神 结合螺杆式空压机结构及原理的知识讲授,适时融入新技术、新工艺的讲解,说明国家在先进制造业方面取得的成就,培养爱国情怀、专业认同感与民族自豪感等
可能存在的问题: 1. 未设置安全防护措施及信号,将危及人身作业安全 2. 润滑油滴落到地面,将引起滑倒危险 3. 漏检空压机油乳化现象,将导致空压机过热故障 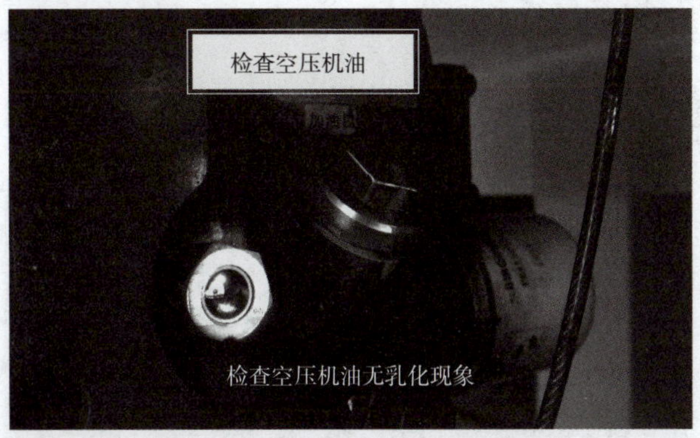 4. 拧紧注、排油螺堵后,存在漏画防松标记的可能 5. 注油螺堵及排油螺堵拧紧转矩若不规范,空压机运行时存在漏油的可能 6. 作业完成后,存在忘记清理场地的可能

活动 3 清洁冷却器

以某地铁车辆上使用的螺杆式空气压缩机为例,描述清洁冷却器的作业流程,见表 1-6。

表 1-6 清洁冷却器

清洁冷却器作业指导书		
项目:清洁冷却器		
维护时间:空压机工作满一年,或每运行 1 000 h		
工装工具:吹尘枪		作业材料:清洁剂、专用百洁布等
安全防护及注意事项:列车安全停放、压缩机断电停机		
作业位置区域:车底		
作业步骤	作业程序及标准	技术要求
1	作业车辆停放在检修区内,施加停放制动	防止动车
2	列车降弓、断电,挂防护信号	防止合闸
3	用吹尘枪对冷却器散热片表面的不同部位进行吹洗	
4	如果污物不易除去,可加碱性清洁剂,使用各种尺寸的刷子(铁刷除外)	V 级清洁度:目视检查无成片污迹

续上表

作业步骤	作业程序及标准	技术要求
5	或拆下冷却器进行清洁。拆下冷却器时,应将油冷却通道中的残留润滑油倒出	
6	清点工具,清理场地	
课程思政: 要求学生开展检修作业时做到"一查"(检查安全措施及信号是否到位)、"二验"(检验工器具、材料、作业工装、手续是否完整)、"三禁止"(禁止穿拖鞋、禁止吃东西、禁止违规作业)、"四鼓励"(鼓励多看、多想、多问、多干) 与学生约法三章,有始有终、一以贯之,将学生的不良习惯及良好行为均纳入课程成绩,通过项目考核引导学生从小事做起、从细节做起,培养正确的劳动观念、高度的责任意识及良好的行为习惯,进而形成严谨务实的作风,养成爱岗敬业精神 结合清洁剂的知识讲授,适时融入新技术、新材料的讲解,说明国家在材料领域取得的成就,培养爱国情怀、专业认同感与民族自豪感等		
可能存在的问题: 1. 未设置安全防护措施及信号,将危及人身作业安全 2. 若用高压蒸汽清洁冷却器和散热片,最高不能超过 70 ℃,注意烫伤 3. 当严重脏污时用符合相关法规的清洁剂进行清洗,污水存在污染环境的可能  4. 作业完成后,存在忘记清理场地的可能		

视 频

真空指示器检修

活动 4　检查真空指示器

空压机停机后,水平目测检查真空指示器的红色柱塞是否跳出。以某地铁车辆上使用的螺杆式空气压缩机为例,描述检查真空指示器的作业流程,见表 1-7。

表 1-7　检查真空指示器

检查真空指示器作业指导书	
项目:检查真空指示器	
维护时间:每月一次或每运行 100 h	
工装工具:手电筒	作业材料:专用百洁布等
安全防护及注意事项:列车安全停放、空压机断电停机	
作业位置区域:车底	

续上表

作业步骤	作业程序及标准	技术要求
1	作业车辆停放在检修区内,施加停放制动	防止动车
2	列车降弓、断电,挂防护信号	防止合闸
3	空压机停机后,水平目测检查真空滤器清洁指示器	
4	如果指示器的红色柱塞完全跳出,则说明空压机进气阻力大,必须更换空气滤清器滤芯	
5	更换后,按下真空滤器清洁指示器顶部的按钮	红色区域必须消失
6	清点工具,清理场地	

课程思政:

要求学生开展检修作业时做到"一查"(检查安全措施及信号是否到位)、"二验"(检验工器具、材料、作业工装、手续是否完整)、"三禁止"(禁止穿拖鞋、禁止吃东西、禁止违规作业)、"四鼓励"(鼓励多看、多想、多问、多干)

与学生约法三章,有始有终、一以贯之,将学生的不良习惯及良好行为均纳入课程成绩,通过项目考核引导学生从小事做起、从细节做起,培养正确的劳动观念、高度的责任意识及良好的行为习惯,进而养成精益求精及爱岗敬业的精神

结合螺杆式空压机结构及原理的知识讲授,适时融入新技术、新工艺的讲解,说明国家在先进制造业方面取得的成就,培养爱国情怀、专业认同感与民族自豪感等

可能存在的问题:

1. 未设置安全防护措施及信号,将危及人身作业安全
2. 更换真空指示器后,若未按下顶部按钮,存在功能缺失的可能

3. 作业完成后,存在忘记清理场地、恢复设备的可能

活动 5　大修空压机

一、注意事项

(1)保持工作场地的清洁,注意保护易被灰尘污染的部件(例如阀门、气缸、活塞、活塞环、连杆和针形套筒等),只有使用时才可拆开包装。

(2)拧紧螺纹紧固件时必须逐步均匀地、交叉地进行,防止受力不均。

(3)不需用密封胶密封的螺纹和螺栓接触表面,必须用干净的空压机润滑油润滑。

(4)大修时必须更换的部件,例如密封圈、垫圈、锁紧圈、深槽滚子轴承、连杆等,在组装前需给部件涂润滑脂。

(5)装配时在下列部位需涂一薄层干净的空压机润滑油:所有的滑动表面、其他部件压入或压向的表面,例如曲轴、曲轴箱、联轴器、轴承、轴承箱、活塞和气缸的活动表面等。不需要润滑的部位包括阀门、气缸盖或气缸的接触表面。

视 频

空压机解体(机头解体)

(6)需用专用工具把 O 形圈装入槽里时,注意不要扭曲 O 形圈,可用通用润滑脂润滑。

二、空压机解体

以某电力机车上使用的螺杆式空气压缩机为例,描述大修空压机时解体的作业流程,见表 1-8。

表 1-8　空压机解体

空压机解体作业指导书		
项目:空压机解体		
维护时间:大修		
工装工具:悬臂吊、套筒、扳手、拉马等		作业材料:专用百洁布等
安全防护及注意事项: 1. 确认悬臂吊能吊稳装置,防止重物砸伤设备或人员 2. 确认专用工装卸力弹簧,防止弹簧储能伤人 3. 确认空压机已冷却、卸压		
作业位置区域:专用检修工位		
作业步骤	作业程序及标准	技术要求
1	机组整体解体检修前检查	
2	机组放油	
3	机头、蜗壳,连接座、机头电动机连接座等的分解	
4	拆解空气滤清器上的软管,抽出滤芯,拆下螺母,取下滤清器	
5	拆解滤清器安装带	
6	分别拆除接线及安装螺栓,拆下接线盒	
7	分别拆卸油管、气管	
8	用悬臂吊吊稳电动机,拆卸电动机冷却风扇外罩	将电动机吊放到存放区
9	拆解电动机联轴器外法兰螺栓	
10	拆卸电动机安装螺栓,拆解电动机	
11	拆解电动机安装座	
12	用起重设备吊稳空压机机头部分,拆卸蜗壳安装螺栓之后拆解整个蜗壳	
13	拆卸法兰盘安装螺栓,退出法兰盘	
14	拆卸机头安装螺栓,将机头与底座分离	将机头吊放到存放区
15	分离散热器与导风罩	

续上表

作业步骤	作业程序及标准	技术要求
16	用拉马拆卸电动机侧的联轴器,联轴器松脱后,用手托住,防止掉落伤人	注意安全防护
17	拆卸传动轴上的止动螺栓,安装辅助盘、拉马,拆卸风叶轮	
18	拆卸机头部分传动联轴器上的止动螺栓,用拉马拆卸机头上的传动联轴器,联轴器松脱后,用手托住,防止掉落伤人	注意安全防护
19	拔出电动机联轴器、风叶轮	
20	清点工具,清理场地	

课程思政:

要求学生开展检修作业时做到"一查"(检查安全措施及信号是否到位)、"二验"(检验工器具、材料、作业工装、手续是否完整)、"三禁止"(禁止穿拖鞋、禁止吃东西、禁止违规作业)、"四鼓励"(鼓励多看、多想、多问、多干)

与学生约法三章,有始有终、一以贯之,将学生的不良习惯及良好行为均纳入课程成绩,通过项目考核引导学生从小事做起、从细节做起,培养正确的劳动观念、高度的责任意识及良好的行为习惯,进而形成严谨务实的作风,养成爱岗敬业精神

结合螺杆式空压机电动机结构及原理的知识讲授,适时融入新技术、新工艺的讲解,说明国家在电动机制造方面取得的成就,逐步培养爱国情怀、专业认同感与民族自豪感等

可能存在的问题:

1. 未按规定着装或使用工装设备,将危及人身作业安全
2. 润滑油滴落到地面,将引起滑倒危险
3. 螺杆式空压机重达上百千克,部件跌落可能砸伤人员或设备
4. 悬臂吊吊装电动机组成部件时,若吊装不牢靠,将引起重物松脱,可能砸伤人员或设备

5. 空压机热机状态下作业,存在烫伤的可能
6. 作业完成后,存在忘记清理场地、分类收集废旧材料的可能

三、空压机组装

以某电动列车上使用的螺杆式空气压缩机为例,描述大修空压机时组装的作业流程,见表1-9。

视 频

空压机组装（空压机总装）

表 1-9　空压机组装

空压机组装作业指导书		
项目：空压机组装		
维护时间：大修		
工装工具：悬臂吊、套筒、扳手、拉马等		作业材料：润滑脂等
安全防护及注意事项： 1. 确认悬臂吊能吊稳装置，防止重物砸伤设备或人员 2. 确认专用工装卸力弹簧，防止弹簧储能伤人		
作业位置区域：专用检修工位		
作业步骤	作业程序及标准	技术要求
1	在光轴承上涂抹润滑脂，用工装压装风叶轮	
2	安装止动螺栓	
3	涂抹润滑脂，安装电动机端联轴器，用压入工装压入联轴器	
4	安装涂抹紧固胶的止动螺栓	
5	测量电动机端传动轴的径向圆跳动值	不超过 0.080 mm
6	测量压缩机端传动轴的径向圆跳动值，给联轴器涂抹防锈漆	不超过 0.080 mm
7	将电动机吊放平稳，安装蜗壳、紧固螺栓，调整水平度	
8	安装机头侧联轴器处的法兰，用螺栓拧紧	
9	用千分表测量法兰与轴的同轴度	不大于 0.086 mm
10	安装进风口	
11	在电动机端侧联轴器处安装弹性体	
12	用悬吊臂吊装机头组件，与电动机组件装配，安装紧固螺栓，之后用升降车承载机头部分，再用悬臂吊吊装整机	
13	机头底座与电动机底座的装配	
14	紧固法兰螺栓	
15	调节机头与安装座之间的位置并紧固螺栓	
16	安装散热器和导风罩	
17	在连接处嵌入橡胶密封条	
18	装配导风罩与散热器，用螺栓紧固	转矩为 20 N·m
19	组装阻尼减振器	
20	接线盒、管路的装配	
21	清点工具，清理场地	

续上表

<table>
<tr><td>课程思政：
要求学生开展检修作业时做到“一查”(检查安全措施及信号是否到位)、“二验”(检验工器具、材料、作业工装、手续是否完整)、“三禁止”(禁止穿拖鞋、禁止吃东西、禁止违规作业)、“四鼓励”(鼓励多看、多想、多问、多干)
与学生约法三章,有始有终、一以贯之,将学生的不良习惯及良好行为均纳入课程成绩,通过项目考核引导学生从小事做起、从细节做起,培养正确的劳动观念、高度的责任意识及良好的行为习惯,进而养成精益求精及爱岗敬业的精神
结合螺杆式空压机组装精度的调整技能,适时融入新工具、新工艺的讲解,说明国家在先进制造业方面取得的成就,逐步培养爱国情怀、专业认同感与民族自豪感等</td></tr>
<tr><td>可能存在的问题：
1. 未按规定着装或使用工装设备,将危及人身作业安全
2. 组装及装配精度值偏低的话,将导致整机精度不够
3. 工装使用不正确,存在拉伤配合表面的可能
4. 阴、阳转子装配精度不够的话,导致整机的工作噪声及振动幅值均有可能超限

用工装支撑螺杆,分别装入轴承
5. 作业完成后,存在忘记清理场地、分类收集配件及耗材的可能</td></tr>
</table>

空压机大修装配完成后,电动压缩机组运行前须加注润滑油,并进行安全测试,检查启动、旋转方向、是否有泄漏、气流量大小、噪声、工作情况等项目。

练　习　题

请在完成空压机每个项目的检修任务之后,填写下列任务单。

1. 任务准备单

<table>
<tr><td>检修任务</td><td></td><td>学时数</td><td>____学时</td></tr>
<tr><td>工作情境</td><td colspan="3"></td></tr>
<tr><td>知识搜集方式
(请选择)</td><td colspan="3">□教材等图书资料　□慕课　□网络搜索　□企业调研　□小组研讨</td></tr>
<tr><td>参考资料
(请选择)</td><td colspan="3">□教材　□检修视频　□课件　□作业指导书　□厂商技术资料</td></tr>
</table>

续上表

任务描述	(参考示例:通过分析空压机油更换的工作任务,制订当天作业计划,确定2人协同完成作业;明确检修作业的安全注意事项,提前熟悉车底的工作场景及更换空压机油的工艺流程,确保已设置列车防护信号、列车防溜措施;准备更换空压机油的工器具材料,包括机油、抹布、内六角扳手、扭矩扳手等;预热空压机,排油、清洗、注油、拧紧并防松,试验合格后完工清理)		
课前准备	工具要求	材料要求	预习知识要求

2. 成绩报告单

(________)检修项目作业成绩报告单								
班级				小组	第( )小组	姓名		
检修任务								
典型工作过程		小组制作PPT或现场汇报工作流程						
遇到的问题及处理方法								
过程项目		课前准备(10%)	小组合作(10%)	防护信号(10%)	工艺流程(40%)	安全作业(10%)	技能水平(10%)	职业素养(10%)
评分	自评							
	互评							
	教师评							
合计								
教师签字			日期					

项目二 供风系统附件的检修

通过本项目的学习，要求熟悉供风系统各附件的结构、原理，能根据工艺流程开展供风系统的试验及各附件的检修维护工作。

检修供风系统附件的学习任务单

<table>
<tr><td colspan="2">学习情境</td><td colspan="3">利用制动机实训室及 VR 虚拟仿真实训室，创设与企业真实工作情境尽量一致的学习情境，让学生在知识应用情境中开展检修</td></tr>
<tr><td colspan="2">学习任务</td><td colspan="3">根据工艺流程，检修干燥器、精密滤油器、安全阀、压力开关、截断塞门等部件，并进行供风系统的相关试验</td></tr>
<tr><td colspan="2">典型工作任务</td><td colspan="3">供风系统工作一段时间后，根据检修规程，需要分别检修干燥器、精密滤油器、安全阀、压力开关、截断塞门等部件，并进行供风系统试验</td></tr>
<tr><td rowspan="2">学习目标</td><td colspan="2">知识目标</td><td>能力目标</td><td>素养目标</td></tr>
<tr><td colspan="2">1. 熟悉空气干燥器的结构、原理
2. 熟悉供风系统各附件的结构、原理
3. 熟悉附件的检修维护内容
4. 熟悉附件检修的工艺流程</td><td>1. 能正确检查、维护供风系统
2. 能正确更换供风系统各附件
3. 能正确进行供风系统试验</td><td>1. 培养正确的劳动观念、高度的责任意识及良好的行为习惯
2. 规范作业、精益求精
3. 树立安全意识、工艺流程思想及终身学习意识
4. 培养爱国情怀、专业认同感与民族自豪感</td></tr>
<tr><td colspan="5">慕课开放平台首页网址：http://mooc.icve.com.cn/</td></tr>
</table>

任务一 检修干燥器

活动 1 知识准备

轨道车辆发展早期，供风模块只给制动系统供风，但随着列车技术的发展，供风系统已成为向整个列车提供压缩空气的气源部分，它不仅为空气制动系统提供压缩空气，也为其他车载设备提供风源，例如空气弹簧、汽笛、受电弓、车钩连接设备、厕所、撒砂、风门控制、雨刷器、车钩等。

为保证空气制动系统和这些用风设备能正常、可靠地工作，就必须保证稳定的压缩空气供给。而供风系统则是压缩空气供给的唯一保障,对提高制动安全性、列车运行品质起着非常重要的作用。因而供风系统已成为多种辅助装置正常使用的必备条件,也是轨道车辆实现人性化服务的重要因素。

一、供风系统配置

地铁车辆上一般配置两套主供风系统。以某地铁公司的地铁车辆为例,其列车采用6辆车编组形式,连接方式为-A+B+C=C+B+A-,其中A为带司机驾驶室的拖车,B、C均为动车,每节C车上各配备了一套主供风系统。此外,B车上配有受电及脚踏泵,在断电或风压不足的情况下,可通过脚踏泵人工升弓。

对高速动车组而言,短编车组一般也配置两套主供风系统,长编动车组则配置四套主供风系统。同时在配有受电弓的车辆上还增加了辅助供风系统,在断电或风压不足的情况下,可启动辅助空压机,为升弓提供动力,保证列车正常行驶。

二、用风系统/设备

管路系统是轨道车辆电—空制动系统中的重要组成部分,该系统主要由供风模块及各用风设备组成,分别配置在各节车上。

1. 供风系统

供风系统向列车总风缸/管(MRE)供风,通过截断塞门及软管与邻近车辆相连,MRE管是两车间的连接风管。如果列车空气压缩机失灵也允许从邻近车辆向风缸充风。

2. 制动控制系统

主要由电子制动控制的单元、电—空制动控制单元、辅助控制单元/停放制动控制单元组成。各控制单元可与其他控制阀件整合成制动控制模块安装在每辆车的底部。

3. 基础制动装置

基础制动装置包括一个采用弹簧执行机构的停放制动单元及一个不带弹簧机构的常用制动单元,停放制动单元配有手动缓解装置。

4. 防滑控制系统

每根轴上安装1个速度传感器、4个防滑阀。当EBCU判断某轴出现滑行时,控制滑行轴相对应的防滑阀得电,打开制动缸排向大气的通路,进行滑行保护。

5. 箱体通风设备

箱体通风设备仅装在动车上,由空气过滤器、溢流阀、减压阀、截断塞门及节流阀等组成;其主要功能是使较小的气流由该设备吹向箱体(电气设备安装处)内,以保持箱体内无尘等。溢流阀的开启压力为7.5 bar,确保箱体通风设备的用风级别为最低级。

6. 空气悬挂系统

总风通过溢流阀向空气弹簧储风缸供风,空簧储风缸向空气悬挂系统供风。溢流阀的开启压力为6.5 bar,确保空气悬挂系统的用风等级低于制动系统。

7. 汽笛系统

汽笛设备仅安装在头车A车上,主要由汽笛操纵阀、汽笛组成。

8. 升降弓装置

列车上空气压力过低,无法升弓时,可由安装在装有受电弓车辆上的升弓装置供风,一般由截断塞门、止回阀、电磁阀、人工操纵的脚踏泵或辅助压缩机组成。

9. 车钩连接设备

车钩连接设备主要由软管、截断塞门以及自动解钩按钮组成。

三、干燥器结构及原理

视 频

双塔式空气干燥器结构

1. 功能

对列车而言，为改善空气质量，满足供风系统中各用风设备的使用要求及避免管路及列车上的用风设备产生腐蚀、冻结，需加装空气处理设备(空气干燥器)，对列车上进入压缩空气管路系统中的水分、油分及机械杂质进行处理。

2. 结构

地铁车辆上采用的 LTZ015 型空气干燥器，空气干燥和干燥剂再生同时进行，主要由以下几部分组成：

(1)两个干燥筒，筒内下部为油分离器，筒内上部填充金属铝硅酸盐干燥剂；

(2)带有再生塞门的支座，支座上带有以下阀门：两个干燥筒止回阀(空压机停机时，止回阀阻止主风缸内的气体逆流回干燥筒)、主风缸出气口内的分流阀和控制空气压力的预控阀；

(3)带消音器的双塞阀，用于控制来自空压机的潮湿空气的流向，并将再生废气排向大气；

(4)用于循环定时控制的电子板及电磁铁，控制干燥与再生状况之间的转换；

(5)在 LTZ015. xH 中还装有一个自动调温控制的电热芯，避免冬季结霜。

此外，每个塔还有一个压力指示器，以显示其工作状态。当左塔干燥时(约 8 bar)，左侧压力显示器就会显示一个红杠；再生时(约 1.6 bar)，此红杠就会自动消失。

3. 工作原理

视 频

双塔式空气干燥器工作原理

1)干燥

来自压缩机的潮湿压缩空气自进气口进入空气干燥器双塞阀的内部(双塞阀中的右活塞处于上止点，而左活塞则处于下止点)，经左活塞打开的阀座自下而上通往干燥筒 a；首先通过干燥筒底部的拉西环，经过多重挠曲、旋转和回弹多种偏差，使悬浮在压缩空气中的大分子油雾吸附在拉西环表面，同时微粒水分子也被淀析在拉西环表面，淀析出来的油分和水分的微小颗粒凝聚成大颗粒并在重力作用下滴落到油分离器底部。经拉西环过滤的压缩空气流入含有干燥剂的塔室，大部分水分被干燥剂充分吸收。在空气干燥器出口处，主气流的相对湿度≤35%，至此潮湿的压缩空气已获得干燥。

干燥后的空气从干燥筒中心管流出，至止回阀处分成两条支路：一路自分流阀打开的阀座流向输出端口，送往总风缸；另一路从主气流上分离出来约占总量 13%～18% 的干燥气体，通过再生节流口，进入 b 筒再生。

2)再生

进入 b 筒的再生气流经中心管逆向流至 b 筒顶部，膨胀成再生空气，同时压力降低。由于再生空气的相对湿度较低，因此易夺取干燥剂中吸附的水分，使干燥剂恢复干燥状态，达到再生的目的。b 筒中的再生空气自上而下将需要再生的干燥剂中的水分子带走，经打开的阀座 V2 和消音器，通过废排口 A 排向大气，b 筒中的干燥剂得以再生。

活动2 检修干燥器

视 频

更换干燥器

由于空气干燥器中承受着空气压缩系统中的高压,因此在高压下拆卸可能因飞出的物件引发人身严重伤害,故在拆卸(分)系统前须使其完全卸压;切断压缩空气供给,并将所有相连的压缩空气管道彻底排气,之后再进行拆卸。以某地铁车辆上使用的 LTZ015. xH 型空气干燥器为例,描述拆装干燥器的作业流程,操作步骤见表 2-1。

表 2-1 拆装干燥器

拆装干燥器作业指导书		
项目:拆装干燥器		
维护时间:大修干燥器或干燥器故障时		
工装工具:固定扳手、画线笔等		作业材料:绝缘胶等
安全防护及注意事项:列车安全停放、压缩机断电停机		
作业位置区域:车底		
作业步骤	作业程序及标准	技术要求
1	作业车辆停放在有地沟的检修道,施加停放制动	防止动车
2	列车降弓、断电,挂防护信号,防止他人未经许可重新接通电源,确保空气干燥设备上不带电	防止合闸
3	拔出电源插接件的插头	
4	对不带插接件的装置,将外壳从空气干燥设备上拆下,并拆下车体一侧的连接电缆,然后重新装上外壳	
5	拆下干燥器安装螺栓,将压缩空气进气口、出气口管道以及排水管与空气干燥设备断开	
6	拆开干燥器接线盒,拆除干燥器接线,对接线进行包扎防护	防护电线
7	重新装上接线盒	
8	推入移动升降设备,升到干燥器底部,取下固定螺栓,并从车辆内的支架上取下空气干燥设备,移出干燥器	
9	在安装双塔式空气干燥设备之前,须彻底清洁密封面和螺纹	
10	用压缩空气仔细吹洗管路	去掉所有的脏污
11	将良好的空气干燥设备在车辆内的支架上定位,并用紧固螺栓固定,施加正确的转矩	80 N · m 的转矩
12	打开接线盒,正确接线,安装接线盒,对紧固螺栓做好防松标记	画防松标记
13	将压缩空气进气口和出气口管路以及排水管路连接到空气干燥设备上	
14	连接车辆一侧的连接电缆,装上外壳,在带插头接口的机型上接好插头	

续上表

<table>
<tr><th>作业步骤</th><th>作业程序及标准</th><th>技术要求</th></tr>
<tr><td>15</td><td>作业结束后，拆除“严禁合闸”牌，重新升弓打气，使空压机运转，检查干燥器的运转状况</td><td>干燥器的运转情况</td></tr>
<tr><td>16</td><td>清点工具，清理场地</td><td></td></tr>
<tr><td colspan="3">课程思政：
要求学生开展检修作业时做到“一查”（检查安全措施及信号是否到位）、“二验”（检验工器具、材料、作业工装、手续是否完整）、“三禁止”（禁止穿拖鞋、禁止吃东西、禁止违规作业）、“四鼓励”（鼓励多看、多想、多问、多干）
与学生约法三章，有始有终、一以贯之，将学生的不良习惯及良好行为均纳入课程成绩，通过项目考核引导学生从小事做起、从细节做起，培养正确的劳动观念、高度的责任意识及良好的行为习惯，进而形成严谨务实的作风，养成爱岗敬业精神
通过能工巧匠高水平展示及高标准示范，引领学生向榜样学习，强调规范作业、精益求精的质量理念，帮助学生树立安全意识、工艺流程思想及终身学习意识
结合双塔式空气干燥器及膜式干燥器结构及原理的知识讲授，适时融入新技术、新工艺、新材料的讲解，说明国家在先进制造业方面取得的成就，逐步培养爱国情怀、专业认同感与民族自豪感</td></tr>
<tr><td colspan="3">可能存在的问题：
1. 未设置安全防护措施及信号，将危及人身作业安全
2. 未经允许重新接通电源，存在触电的危险
3. 接线包扎防护不合格，存在接线端子导线断股的可能
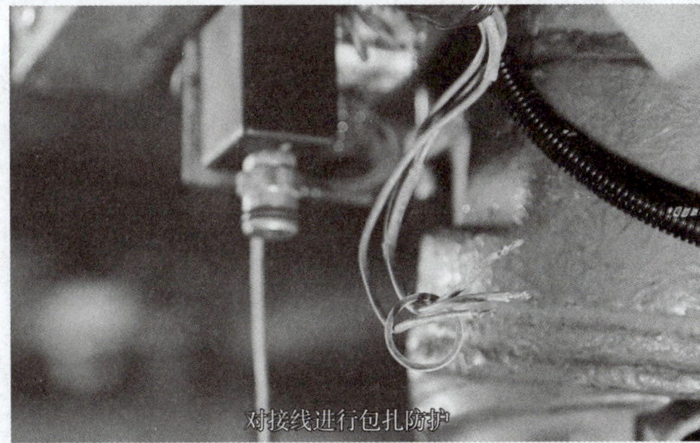
对接线进行包扎防护
4. 干燥器升降过程中，存在重物跌落砸伤设备及人员的风险
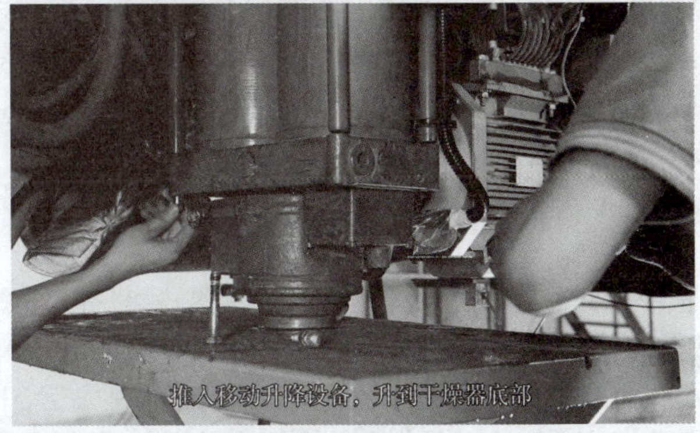
推入移动升降设备，升到干燥器底部
5. 若压缩空气吹洗管路不合格，存在管路被脏物堵塞的可能
6. 若紧固螺栓拧紧转矩不规范，空气干燥器运行时存在松脱的可能
7. 拧紧螺栓后，存在漏画防松标记的可能
8. 作业完成后，存在忘记清理场地、分类收集废旧材料的可能</td></tr>
</table>

任务二　检修附件

活动 1　知识准备

地铁车辆一个三节车组成的半列车单元配有一套供风系统,安装在其中一节车上,形成供风模块。每套供风装置均整合成一个供风模块安装在车辆的地板下,具有结构紧凑、维修方便和容易安装等特点。供风系统可实现三级供风:第一级,无条件地给制动系统供风,以确保列车能够随时施加制动,从而保障运营的安全;第二级,只有 MRE 的压力大于某设定值时,才给空气悬挂系统供风(此功能由溢流阀实现);第三级,只有 MRE 的压力大于更高的某设定值时,才给箱体供风(此功能由溢流阀实现)。

一般只有其中一节车上的空气压缩机启动而另外一台不使用,当其中一台空压机故障时,由另外一台空压机接替其工作。当列车的压缩空气消耗过大,主风缸的压力下降到某设定值以下时,第二台空气压缩机启动,两台空气压缩机同时工作。

供风模块主要由空气压缩机、空气干燥器、微孔滤油器、安全阀、压力传感器、若干条风管、相应的管路附件、各种接口及模块安装框架等构成,经过压缩、干燥之后的空气被储存在各节车的风缸中。

空气压缩机接收到工作的信号时,由 380 V 三相 50 Hz 交流鼠笼式异步电动机驱动空压机打风至定压,未经处理的压缩空气经过软管、止回阀,进入双塔式无热再生空气干燥器;双塔式干燥器对压缩空气中的水分及直径较大的油分子进行过滤,处理之后的干燥压缩空气通过精密滤油器过滤除去油分,最后送入各节车的储风缸。

活动 2　检修精密滤油器

一、功能

从空压机里出来的压缩空气中的油在流经空气干燥器中的分油器时部分被分离提取,然而仍有一些油尤其是在油温较高时被带到供风系统的后续部件中,在气流缓慢、温度较低处易产生凝结,形成液化油膜,长时间工作后易堵塞管道使空气管路系统产生故障。为改善这种状态,使压缩空气的含油量在 20 ℃和 7 bar 的条件下,不超过 0.1 mg/m^3,必须在空气干燥器的后续管路上安装精密滤油器。

二、结构

精密滤油器(也称作精密油滤器、细滤器、机油过滤器)由外壳、过滤元件、螺纹杆、手动排放装置等部分组成。壳体为铝合金,最大工作压力可达 16 bar,合成树脂外涂层为过滤器提供充分的抗腐蚀保护;过滤器上下两部分通过梯形螺纹连接到一起,中部滤芯为过滤油的核心功能部分,旋拧在位于主体中心的螺杆上并由端盖封住。

三、工作原理

精密滤油器能将干燥后的压缩空气中的油雾和固体杂质降低到一个低残留水平,固体

杂质被挡在过滤纤维上，而超细的液滴则互相吸引形成大液滴，被挤入外层泡沫套筒然后形成连贯的液体膜，在重力作用下，流入较低的滤罩，并由过滤器底部的集液层人工排出。

四、精密滤油器排油（数字资源网址：http://mooc. icve. com. cn/）

精密滤油器工作一定时间后，需进行排油处理，人工将过滤器底部集液层收集的油液排出。

以某地铁车辆上使用的精密滤油器为例，描述排油的作业流程，具体步骤见表 2-2。

表 2-2　精密滤油器排油

精密滤油器排油作业指导书		
项目：精密滤油器排油		
维护时间：每 3 个月或每 300 个空压机工作时排油一次，具体的维修间隔由压缩空气中包含的固、液杂质含量决定		
工装工具：手电筒、集油器等		作业材料：棉纱、抹布等
参考资料：作业指导书、维修说明书、风路图等		
安全防护及注意事项： 1. 开始作业前，关闭司机室 2. 注意防溜 3. 作业前排空压缩空气，防止高压作用下松开的部件伤人		
作业位置区域：精密滤油器位于供风模块空气干燥器的出口处		
作业步骤	作业程序及标准	技术要求
1	a. 开始作业前，关闭司机室 b. 施加停放制动 c. 关闭空气干燥器出口的截断塞门	防止意外动车
2	把试验软管连接到测试接口上，并将空气排出	排空管路中的压缩空气
3	把集油器放置在精密油滤清器的下方集油	
4	用适当的工具，松开手动排放装置上的蝶形螺母	沿逆时针方向大约拧 4 圈
5	通风除掉油污	防止油液污染环境
6	沿顺时针方向手动拧紧排放装置上的翼形螺钉	
7	除去手动排放装置和壳体配合面上的残留油污	
8	从测试装置接口上将试验软管拆下	
9	打开截断塞门，恢复供风	
课程思政： 要求学生开展检修作业时做到“一查”（检查安全措施及信号是否到位）、“二验”（检验工器具、材料、作业工装、手续是否完整）、“三禁止”（禁止穿拖鞋、禁止吃东西、禁止违规作业）、“四鼓励”（鼓励多看、多想、多问、多干） 与学生约法三章，有始有终、一以贯之，将学生的不良习惯及良好行为均纳入课程成绩，通过项目考核引导学生从小事做起、从细节做起，培养正确的劳动观念、高度的责任意识及良好的行为习惯，进而养成精益求精及爱岗敬业的精神 结合滤油器梯形螺纹结构的知识讲授，适时融入新结构的内容讲解，说明国家在先进制造业方面取得的成就，培养爱党爱国情怀、专业认同感与民族自豪感等		

续上表

可能存在的问题： 1. 未设置安全防护措施及信号，将危及人身作业安全 2. 未对管路排气卸压便开始作业，将危及人身作业安全 3. 润滑油滴落到地面，将引起滑倒危险 4. 排放装置上的蝶形螺母未拧紧，运行时存在松脱的可能 5. 作业完成后，存在忘记清理场地、正确处置废油的可能

五、更换精密滤油器滤芯(数字资源网址：http://mooc.icve.com.cn/)

以某地铁车辆上使用的精密滤油器为例，描述更换精密滤油器滤芯的作业流程，见表2-3。

表2-3　更换精密滤油器滤芯

<table>
<tr><th colspan="3">更换精密滤油器滤芯作业指导书</th></tr>
<tr><td colspan="3">项目：更换精密滤油器滤芯</td></tr>
<tr><td colspan="3">维护时间：每年或每3 000个压缩机工作时必须更换滤芯</td></tr>
<tr><td colspan="2">工装工具：手电、集油器等</td><td>作业材料：棉纱、抹布等</td></tr>
<tr><td colspan="3">参考资料：作业指导书、维修说明书、风路图</td></tr>
<tr><td colspan="3">安全防护及注意事项：
1. 开始作业前，关闭司机室
2. 注意防溜
3. 作业前排空压缩空气，防止高压作用下松开的部件伤人</td></tr>
<tr><td colspan="3">作业位置区域：精密滤油器位于供风模块空气干燥器的出口处</td></tr>
<tr><th>作业步骤</th><th>作业程序及标准</th><th>技术要求</th></tr>
<tr><td>1</td><td>a. 开始作业前，关闭司机室
b. 施加停放制动
c. 关闭空气干燥器出口的截断塞门</td><td>防止意外动车</td></tr>
<tr><td>2</td><td>把试验软管连接到测试接口上，并将空气排出</td><td>排空管路中的压缩空气</td></tr>
<tr><td>3</td><td>把集油器放置在精密油滤清器的下方集油</td><td></td></tr>
<tr><td>4</td><td>用适当的工具，松开手动排放装置上的蝶形螺母</td><td>沿逆时针方向大约拧4圈</td></tr>
<tr><td>5</td><td>通风除掉油污，从手动排放装置及过滤器壳体的配合面将剩余的油排出</td><td>防止油液污染环境</td></tr>
<tr><td>6</td><td>拆下壳体的底部</td><td></td></tr>
<tr><td>7</td><td>手动从螺杆上拧下滤油器滤芯</td><td></td></tr>
<tr><td>8</td><td>手动将新的精密滤油器滤芯固定到螺杆上</td><td>在螺纹连接处涂一层乐泰胶222</td></tr>
<tr><td>9</td><td>按拆卸的反向顺序重新组装滤油器，确保O形圈放置到正确的位置，除去手动排放装置和壳体配合面上的残留油污</td><td></td></tr>
<tr><td>10</td><td>从测试装置接口上将试验软管拆下</td><td></td></tr>
<tr><td>11</td><td>打开截断塞门，恢复供风</td><td></td></tr>
<tr><td>12</td><td>清点工具，清理现场</td><td></td></tr>
</table>

续上表

课程思政：

要求学生开展检修作业时做到“一查”(检查安全措施及信号是否到位)、“二验”(检验工器具、材料、作业工装、手续是否完整)、“三禁止”(禁止穿拖鞋、禁止吃东西、禁止违规作业)、“四鼓励”(鼓励多看、多想、多问、多干)

与学生约法三章,有始有终、一以贯之,将学生的不良习惯及良好行为均纳入课程成绩,通过项目考核引导学生从小事做起、从细节做起,培养正确的劳动观念、高度的责任意识及良好的行为习惯,进而形成严谨务实的作风,养成爱岗敬业精神

结合滤芯材质的知识讲授,适时融入新材料的内容讲解,说明国家在材料领域取得的成就,培养爱党爱国情怀、专业认同感与民族自豪感等

可能存在的问题：

1. 未设置安全防护措施及信号,将危及人身作业安全
2. 未对管路排气卸压便开始作业,将危及人身作业安全
3. 润滑油滴落到地面,将引起滑倒危险

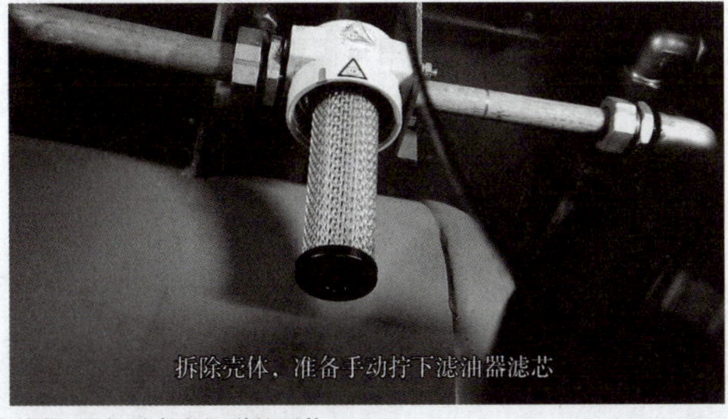

4. 精密滤油器滤芯未拧紧,运行时存在松脱的可能
5. 排放装置上的蝶形螺母未拧紧,运行时存在松脱的可能
6. 作业完成后,存在忘记清理场地、正确处置废油的可能

活动3　检修安全阀

一、功能

安全阀是供风系统中的保护装置,用来保护压缩空气系统中的气动装置。当供风系统的工作压力升高过快,超过了管路系统的安全压力时,安全阀就会动作,打开安全阀溢流口,将过高的高压排放到大气中去,防止系统部件及管路遭受高压的损害。

二、结构

视频

安全阀检修

安全阀阀杆的上部是一个手动排放螺栓,即为安全阀的释放装置,用于检查工作件的移动情况并排出积存在阀内的污物;阀的下部是一个阀面,与阀体 a 的阀座 V 构成一对阀门,形成安全阀的溢流口。旋松排放螺栓,将升起阀杆 b 并打开阀座 V,可将沉积物从阀内排出。

被调整螺钉锁紧的压缩弹簧 c 作用于阀杆 b,正常状态下,阀杆紧压在阀座 V 上,使溢流口关闭。压缩弹簧 c 的压力可通过调节螺钉 d 设定,即通过 d 可设置安全阀的开启压力;设置的开启压力必须保证安全阀压力调节不能高于安全阀设计的保护安全工作压力,超过的工作压力不多于 10%,一般为工作压力的 110%。

调整好的安全阀装有铅封,防止对弹簧压力的错误调整。若铅封破坏,安全阀的可靠性失效,不可继续使用。

三、工作原理

安全阀只要工作压力处于正常水平,阀口 V 则关闭。如果超出安全压力值,阀杆就在下部空气压力的作用下,克服压缩弹簧反力,开启阀口,多余的压力通过溢流口 B 排出;一旦压力降至适当水平,阀口 V 则在弹簧的作用下重新关闭。

四、安全阀功能检查(数字资源网址:http://mooc.icve.com.cn/)

安全阀作为压缩空气系统的保护装置,工作一段时间后需进行功能检查,保证其动作符合要求。若需要清洗安全阀时,仅对安全阀排气口和周围的石蜡加以清洗,之后立即用压缩空气吹干安全阀及阀杆上阀座的橡胶件,再用布擦干阀体。

以某地铁车辆上使用的 SV8 型安全阀为例,描述其功能检查的作业流程,见表 2-4。

表 2-4　安全阀功能检查

安全阀作业指导书		
项目:安全阀功能检查		
维护时间:至少每 6 个月必须执行一次		
工装工具:手电筒等		作业材料:棉纱、抹布等
参考资料:作业指导书、维修说明书、风路图		
安全防护及注意事项: 1. 开始作业前,关闭司机室 2. 注意防溜		
作业位置区域:安全阀位于供风模块空气干燥器的进气口处及截断塞门的排气口处		
作业步骤	作业程序及标准	技术要求
1	a. 开始作业前,关闭司机室 b. 施加停放制动	司机室内总风压力表显示的压力值应在 750 ~ 900 kPa 之间
2	找到供风模块上的安全阀	
3	沿与弹簧力相反的方向旋松排放螺栓 e,打开阀座 V,并从排气口 B 排出气体	
4	检查管螺纹和阀体是否被损坏	
5	确保铅密封完好无损	
6	确保阀体 a 上的标识清楚	
7	如果阀门打开,并开始排气,表明安全阀的工作状态良好	
8	如果发现安全阀有被损坏的迹象,或者如果规定的排气压力或关闭压力值超出技术规范的要求,就必须更换安全阀	
9	重新拧紧排放螺栓 e	

续上表

课程思政： 要求学生开展检修作业时做到"一查"(检查安全措施及信号是否到位)、"二验"(检验工器具、材料、作业工装、手续是否完整)、"三禁止"(禁止穿拖鞋、禁止吃东西、禁止违规作业)、"四鼓励"(鼓励多看、多想、多问、多干) 与学生约法三章,有始有终、一以贯之,将学生的不良习惯及良好行为均纳入课程成绩,通过项目考核引导学生从小事做起、从细节做起,培养正确的劳动观念、高度的责任意识及良好的行为习惯,进而养成精益求精及爱岗敬业的精神 结合安全阀结构的知识讲授,适时融入新结构的内容讲解,说明国家在先进制造业方面取得的成就,培养爱党爱国情怀、专业认同感与民族自豪感等
可能存在的问题： 1. 未设置安全防护措施及信号,将危及人身作业安全 2. 管路气压有可能危及人身作业安全

活动 4　检修截断塞门

一、功能

用于手动控制地铁车辆压缩空气系统的充风、截断和排风。在打开位置时,压缩空气可自由通过截断塞门进入下游部件;在关闭位置时,能隔离安装在塞门顺流方向的设备。

二、结构

截断塞门主要由球芯、阀体、手柄、挡圈、密封圈和止推件等部分组成,带排气功能的截断塞门还在底部设有一排气孔。

视 频

截断塞门结构

截断塞门的外壳包括一个球芯,通过转动手柄 3 可控制球芯旋转 90°或 45°,实现截断塞门的开关操作。手柄 1 旋转的范围会因不同的安装位置而有所差异,因此止动盘必须保证手柄的正确安装要求。

气流的方向对于确保塞门在关闭位置时完全隔离塞门两侧的气路,不产生泄漏,起着十分关键的作用。截断塞门的气流方向可通过塞门外表面的箭头来识别,安装新截断塞门时,要注意防止错误安装。另外,带排气口的截断塞门其排气口必须朝下安装。

三、拆装截断塞门(数字资源网址:http://mooc.icve.com.cn/)

以某地铁车辆上使用的截断塞门为例,描述拆装截断塞门的作业流程,见表 2-5。

表 2-5　拆装截断塞门

拆装截断塞门作业指导书	
项目:拆装截断塞门	
维护时间:塞门故障时	
工装工具:内六角、手电筒等	作业材料:棉纱、抹布等
参考资料:作业指导书、维修说明书、风路图	

续上表

安全防护及注意事项:		
1. 开始作业前,关闭司机室 2. 注意防溜		
作业位置区域:车底		
作业步骤	作业程序及标准	技术要求
1	a. 开始作业前,关闭司机室 b. 施加停放制动	
2	确认列车停放在有地沟的检修道	防止意外动车
3	降弓、蓄电池断电,挂"严禁合闸"牌等作业防护牌	防止合闸
4	关闭截断塞门,排出压力空气	排空管路中的压缩空气
5	用内六角拆除塞门安装螺栓	
6	清洁塞门安装面,更换良好的塞门及新密封圈	
7	将安装螺栓拧紧,并做好防松标记	
8	恢复该架制动气路截断塞门	
9	拆除"严禁合闸"牌,恢复蓄电池	

课程思政:

要求学生开展检修作业时做到"一查"(检查安全措施及信号是否到位)、"二验"(检验工器具、材料、作业工装、手续是否完整)、"三禁止"(禁止穿拖鞋、禁止吃东西、禁止违规作业)、"四鼓励"(鼓励多看、多想、多问、多干)

与学生约法三章,有始有终、一以贯之,将学生的不良习惯及良好行为均纳入课程成绩,通过项目考核引导学生从小事做起、从细节做起,培养正确的劳动观念、严谨的工作作风及良好的行为习惯,进而形成严谨务实的作风,养成爱岗敬业精神

结合截断塞门结构的知识讲解,适时融入新结构、新工艺的内容,说明国家在制造业方面取得的成就,培养爱党爱国情怀、专业认同感与民族自豪感等

可能存在的问题:

1. 未设置安全防护措施及信号,将危及人身作业安全
2. 未对管路排气卸压便开始作业,将危及人身作业安全
3. 安装螺栓若未拧紧,运行时存在漏气的可能

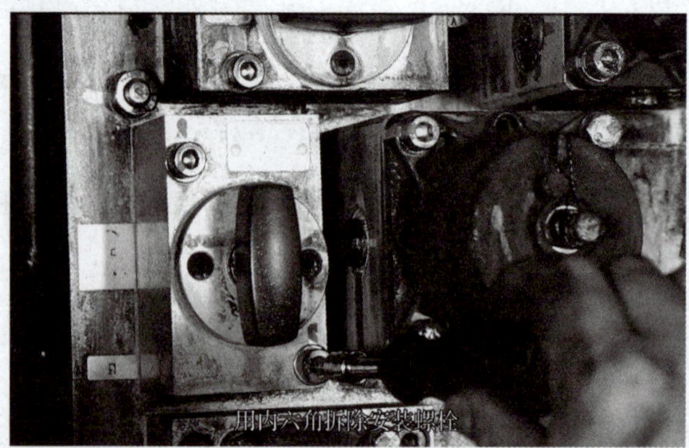

4. 作业完成后,存在忘记清理场地、正确处置废油的可能

活动 5　检修压力开关

一、功能

压力开关用于监控气动和液压装置的工作压力。

当压力达到这些装置的上限和下限时，装置中的隔膜则交替打开和关闭电路。压力上限、下限的调整范围及调节装置所需的最小空间在每个压力调节器的外形图上标出。

二、调节

根据外形图在相关设备的调整范围内设定压力开关的压力限值，先设定上限值然后再设定下限值。调节前，需拧下调节钮 f 上的锁销 e。

1. 设定上限

(1)把减压阀 DMV 设为压力开关的上限值(压力表 M)；

(2)打开旋塞 H；

(3)旋转调节钮 f 直至相应电路关闭，指示灯亮起。

2. 设定下限

(1)把减压阀 DMV 设为压力开关的下限值(压力表 M)；

(2)下压调节钮 f 并旋转直至压力开关中的开关牢固(电路中的指示灯必须交替亮起和熄灭)。

进行调整时一定保证芯轴 g 不跟随转动。下限值决定芯轴末端和按下的调节钮 f 之间的距离 i，下限越接近最低值，距离 i 越小。

完成调节后，再一次检查压力限值，最后用锁销 e 锁紧调节钮 f。

三、更换主风缸压力开关(数字资源网址：http://mooc.icve.com.cn/)

以某地铁车辆上使用的主风缸压力开关为例，描述更换压力开关的作业流程，见表 2-6。

表 2-6　更换压力开关

更换压力开关作业指导书		
项目：更换压力开关		
维护时间：压力开关故障时		
工装工具：扳手、手电筒等		作业材料：密封胶等
参考资料：作业指导书、维修说明书、风路图		
安全防护及注意事项： 1. 开始作业前，关闭司机室 2. 注意防溜		
作业位置区域：车底		
作业步骤	作业程序及标准	技术要求
1	a. 开始作业前，关闭司机室 b. 施加停放制动	
2	确认列车停放在有地沟的检修道	防止意外动车

续上表

<table>
<tr><th>作业步骤</th><th>作业程序及标准</th><th>技术要求</th></tr>
<tr><td>3</td><td>降弓、蓄电池断电，挂“严禁合闸”牌等作业防护牌</td><td>防止合闸</td></tr>
<tr><td>4</td><td>排空管路中的压力空气，拆除压力开关的电缆插头，用扳手拧下压力开关</td><td>排空管路中的压缩空气</td></tr>
<tr><td>5</td><td>在螺纹处涂管路密封胶，更换良好的压力开关并拧紧，接上电缆插头</td><td></td></tr>
<tr><td>6</td><td>拆除“严禁合闸”牌，恢复供电</td><td></td></tr>
<tr><td>7</td><td>最后清理场地、恢复设备</td><td></td></tr>
<tr><td colspan="3">课程思政：
要求学生开展检修作业时做到“一查”（检查安全措施及信号是否到位）、“二验”（检验工器具、材料、作业工装、手续是否完整）、“三禁止”（禁止穿拖鞋、禁止吃东西、禁止违规作业）、“四鼓励”（鼓励多看、多想、多问、多干）
与学生约法三章，有始有终、一以贯之，将学生的不良习惯及良好行为均纳入课程成绩，通过项目考核引导学生从小事做起、从细节做起，培养正确的劳动观念、高度的责任意识及良好的行为习惯，进而形成严谨务实的作风，养成爱岗敬业精神
结合不同型号压力开关结构的知识讲解，适时融入新结构的内容，说明国家在制造业方面取得的成就，培养爱党爱国情怀、专业认同感与民族自豪感等</td></tr>
<tr><td colspan="3">可能存在的问题：
1. 未设置安全防护措施及信号，将危及人身作业安全
2. 未对管路排气卸压便开始作业，将危及人身作业安全
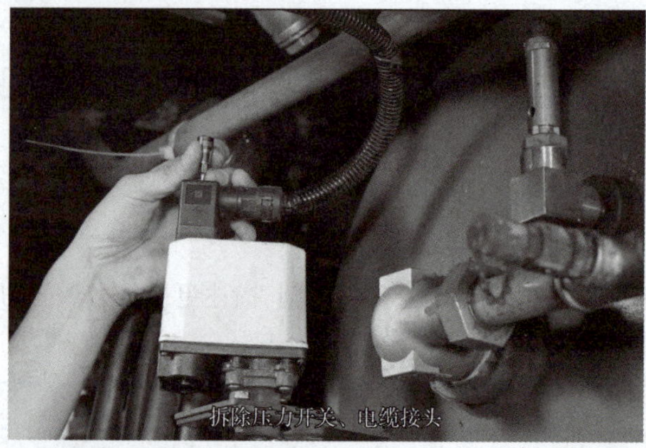

3. 作业完成后，存在忘记清理场地、恢复设备的可能</td></tr>
</table>

活动6 供风系统试验

一、检查主风缸充风时间（数字资源网址：http://mooc.icve.com.cn/）

以某地铁车辆上使用的供风系统为例，描述主风缸充风试验的作业流程，见表2-7。

表2-7 主风缸充风试验

<table>
<tr><th colspan="2">主风缸充风试验作业指导书</th></tr>
<tr><td colspan="2">项目：主风缸充风试验</td></tr>
<tr><td>工装工具：双针压力表、秒表等</td><td>作业材料：无</td></tr>
</table>

续上表

参考资料:作业指导书、维修说明书、风路图

安全防护及注意事项:
1. 开始作业前,关闭司机室
2. 注意防溜

作业位置区域:车底

作业步骤	作业程序及标准	技术要求
1	a. 开始作业前,关闭司机室 b. 施加停放制动	防止意外动车
2	确认列车停放在有地沟的检修道	车下无人
3	用主控钥匙打开电气柜,合上蓄电池开关	
4	用主控钥匙激活列车	
5	观察记录司机室双针压力表的读数,按“升”弓按钮,升两个受电弓	
6	一人在驾驶室内观察双针压力表白色指针的数值变化,用秒表记录列车空压机启动后主风缸的充风时间;另一人在空压机旁用秒表记录空压机的启动时间及干燥器的排水时间间隔	时间在规定范围内
7	最后清理场地、恢复设备	

课程思政:

要求学生开展检修作业时做到“一查”(检查安全措施及信号是否到位)、“二验”(检验工器具、材料、作业工装、手续是否完整)、“三禁止”(禁止穿拖鞋、禁止吃东西、禁止违规作业)、“四鼓励”(鼓励多看、多想、多问、多干)

与学生约法三章,有始有终、一以贯之,将学生的不良习惯及良好行为均纳入课程成绩,通过项目考核引导学生从小事做起、从细节做起,培养正确的劳动观念、高度的责任意识及良好的行为习惯,进而养成精益求精及爱岗敬业的精神

对比国内外公司供风系统产品的性价比,分析我国产品在技术上存在的问题及外企昂贵产品在技术上的垄断,说明企业提升技术创新能力,解决“卡脖子”技术、实现国产化的重要性,培养学生的民族责任感和社会责任感

可能存在的问题:
1. 未设置安全防护措施及信号,将危及人身作业安全
2. 作业完成后,存在忘记恢复设备的可能

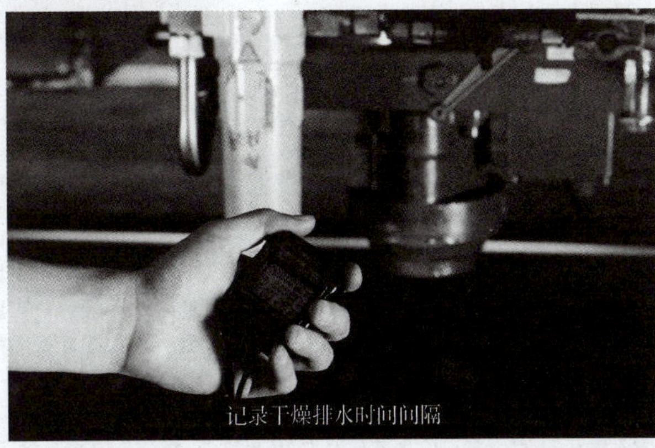
记录干燥排水时间间隔

二、主风缸保压时间(数字资源网址:http://mooc. icve. com. cn/)

以某地铁车辆上使用的供风系统为例,描述主风缸保压试验的作业流程,见表2-8。

表2-8　主风缸保压试验

主风缸保压试验作业指导书		
项目:主风缸保压试验		
工装工具:双针压力表、秒表等		作业材料:无
参考资料:作业指导书、维修说明书、风路图		
安全防护及注意事项: 1. 开始作业前,关闭司机室 2. 注意防溜		
作业位置区域:车底		
作业步骤	作业程序及标准	技术要求
1	a. 开始作业前,关闭司机室 b. 施加停放制动	防止意外动车
2	确认列车停放在有地沟的检修道	车下无人
3	用主控钥匙打开电气柜,合上蓄电池开关	
4	用主控钥匙激活列车	
5	鸣笛,在司机室按压"升"弓按钮,升两个受电弓	
6	观察双针压力表的白色指针,判断列车主风缸的压力是否处于7.5~9 bar的正常范围	
7	在司机室按压"降"弓按钮	
8	关断空气弹簧塞门、制动风缸塞门	
9	将风表接入主风压力测试点,分别记录在0 min、5 min、15 min时气压表的数值,判断主风缸保压试验是否合格	泄漏量应在规定范围内
10	最后清理场地、恢复设备	
课程思政: 要求学生开展检修作业时做到"一查"(检查安全措施及信号是否到位)、"二验"(检验工器具、材料、作业工装、手续是否完整)、"三禁止"(禁止穿拖鞋、禁止吃东西、禁止违规作业)、"四鼓励"(鼓励多看、多想、多问、多干) 与学生约法三章,有始有终、一以贯之,将学生的不良习惯及良好行为均纳入课程成绩,通过项目考核引导学生从小事做起、从细节做起,培养正确的劳动观念、高度的责任意识及良好的行为习惯,进而形成严谨务实的作风,养成爱岗敬业精神 对比国内外公司产品的泄漏量及测试接口的工艺质量,客观分析两类产品在工艺及材料上的不同,说明我国在制造领域某些工艺、材料、技术上存在的差距,激励学生共同努力、积极创业,将个人的发展与国家的发展结合起来,弘扬精益求精的工匠精神,推动中国由制造大国向制造强国迈进		

续上表

可能存在的问题：
1. 未设置安全防护措施及信号，将危及人身作业安全
2. 作业完成后，存在忘记恢复设备的可能

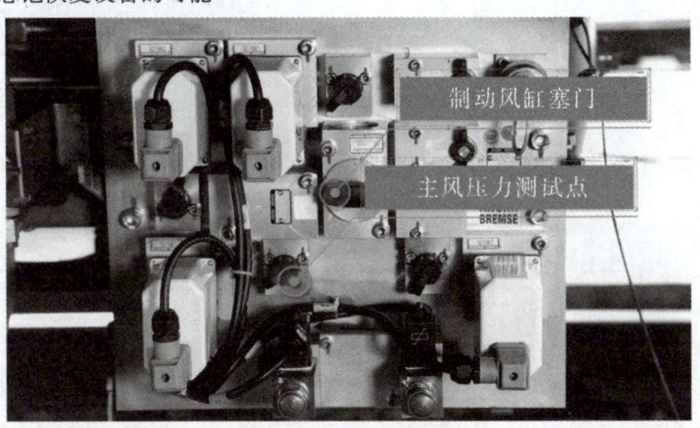

练　习　题

请在完成供风系统每个项目的检修任务之后，填写下列任务单。

1. 任务准备单

检修任务			学时数	____学时
工作情境				
知识搜集方式（请选择）	□教材等图书资料　□慕课　□网络搜索　□企业调研　□小组研讨			
参考资料（请选择）	□教材　□检修视频　□课件　□作业指导书　□厂商技术资料			
任务描述	（参考示例：通过分析空压机油更换的工作任务，制订当天作业计划，确定2人协同完成作业；明确检修作业的安全注意事项，提前熟悉车底的工作场景及更换空压机油的工艺流程，确保已设置列车防护信号、列车防溜措施；准备更换空压机油的工器具材料，包括机油、抹布、内六角扳手、扭矩扳手等；预热空压机，排油、清洗、注油、拧紧并防松，试验合格后完工清理）			
课前准备	工具要求	材料要求	预习知识要求	

2. 成绩报告单

<table>
<tr><td colspan="9">（__________）检修项目作业成绩报告单</td></tr>
<tr><td colspan="2">班级</td><td colspan="2"></td><td>小组</td><td>第（　）小组</td><td>姓名</td><td colspan="2"></td></tr>
<tr><td colspan="2">检修任务</td><td colspan="7"></td></tr>
<tr><td colspan="2">典型工作过程</td><td colspan="7">小组制作 PPT 或现场汇报工作流程</td></tr>
<tr><td colspan="2">遇到的问题及处理方法</td><td colspan="7"></td></tr>
<tr><td colspan="2">过程项目</td><td>课前准备（10%）</td><td>小组合作（10%）</td><td>防护信号（10%）</td><td>工艺流程（40%）</td><td>安全作业（10%）</td><td>技能水平（10%）</td><td>职业素养（10%）</td></tr>
<tr><td rowspan="3">评分</td><td>自评</td><td></td><td></td><td></td><td></td><td></td><td></td><td></td></tr>
<tr><td>互评</td><td></td><td></td><td></td><td></td><td></td><td></td><td></td></tr>
<tr><td>教师评</td><td></td><td></td><td></td><td></td><td></td><td></td><td></td></tr>
<tr><td colspan="2">合计</td><td colspan="7"></td></tr>
<tr><td colspan="2">教师签字</td><td colspan="2"></td><td colspan="3">日期</td><td colspan="2"></td></tr>
</table>

项目三
电—空直通式制动系统的检修

通过本项目的学习，要求熟悉地铁及高速动车组等一些固定编组车辆上的制动系统，掌握各种电—空直通式制动系统的结构、原理，熟悉各制动系统的检修规程，并能根据工艺流程开展检修维护工作及按工艺标准进行制动系统的试验等。

检修电—空直通式制动系统的学习任务单

<table>
<tr><td colspan="2">学习情境</td><td colspan="3">利用制动机实训室及 VR 虚拟仿真实训室，创设与企业真实工作情境尽量一致的学习情境，让学生在知识应用情境中开展检修</td></tr>
<tr><td colspan="2">学习任务</td><td colspan="3">根据工艺流程，检查电—空直通式制动系统的外观及软件，开展制动系统试验</td></tr>
<tr><td colspan="2">典型工作任务</td><td colspan="3">电—空直通式制动系统运行一段时间后，根据检修规程，需要对系统的外观及软件进行检查与维护，并开展制动系统相关试验</td></tr>
<tr><td rowspan="2">学习目标</td><td colspan="2">知识目标</td><td>能力目标</td><td>素养目标</td></tr>
<tr><td colspan="2">1. 熟悉电—空直通式制动系统的结构与原理
2. 熟悉电—空直通式制动系统的检修与维护工艺流程</td><td>1. 能施加/缓解气制动
2. 能检修电—空直通式制动系统
3. 能进行电—空直通式制动系统试验</td><td>1. 严格遵守企业规章制度、行为规范
2. 树立安全意识及社会责任感
3. 树立工艺流程思想
4. 培养分析、解决问题的能力
5. 培养爱国情怀，专业认同感及民族自豪感</td></tr>
<tr><td colspan="5">慕课开放平台首页网址：http://mooc. icve. com. cn/</td></tr>
</table>

任务一　检修电—空直通式制动系统

活动 1　知识准备

模拟指令式电—空制动系统主要装在地铁车辆和动车组上，由供风部分、制动控制部分及执行部分组成，外加制动指令形成及网络传输部分。其中控制部分是模拟电—空制动机实现空气制动与弹簧制动的主要核心功能部分,也是实现电—空转换的控制与管理部分,具有制动管理、制动控制、防滑控制及故障诊断与显示等功能。

视 频

供风系统的结构及作用

一、供风部分

地铁供风系统由空气压缩机、空气干燥器和风缸组成。其中空气压缩机为活塞往复式、二级、三缸、直接驱动,由 380 V 三相 50 Hz 交流鼠笼式异步电动机驱动;空气干燥器采用双筒式无热再生的干燥装置;每辆车上设有四个风缸,包括一个 100 L 的主风缸,一个 100 L 的空气弹簧风缸和一个 100 L 的制动储风缸。空气压缩机的正常工作范围为 750 ~ 900 kPa,其产生的压缩空气经空气干燥器供给制动系统、空气弹簧、受电弓、箱体供风系统、防滑系统等使用。

动车组全车的空气制动系统可看作一整套用风设备,供风系统的主压缩机接入主风管,将风压传输至各车;每节车均设有总风缸,根据具体需求还设有其他风缸,用于储存风压,保证用风设备供风充足。主风管为空簧、边门、卫生间、风笛、雨刷、车钩等设备及制动系统提供稳定风源。车组设一条制动管贯穿全车,制动管从总风管获取风压分配至单节车厢。

二、制动控制部分

控制部分由带有防滑控制的电子制动控制单元、制动控制单元、辅助控制单元等组成。电子制动控制单元是用于控制电—空制动和防止车轮滑行控制的微处理机,是空气制动管理控制的核心。制动控制单元是克诺尔空气制动的核心,由电空转换阀、紧急阀、限压阀、中继阀、载荷压力传感器、压力开关等元件组成。辅助制动控制单元是将空气管路系统中一些辅助阀类元件或截断塞门集中安装的气阀板,阀板上的双向脉冲电磁阀及双止回阀是辅助控制单元上的主要功能阀,控制停放制动的施加与缓解。

另外,列车管连接至各车分配阀,可通过列车管充排风实现列车间接制动功能。紧急制动时,直通式电—空制动和自动空气制动同时产生制动缸预控压力,下游的双向止回阀能确保将较高的制动缸预控压力转换为实际制动力。

三、执行部分

执行部分是空气制动系统中将空气压力转换为制动力的机械装置。根据列车构造速度的不同,执行部分有踏面制动和盘形制动两种形式,地铁普遍采用带有闸瓦间隙自动调整作用的单元制动器及带弹簧停放装置的单元制动器。

动车组采用盘形制动装置,动力转向架每个轮对安装两组轮装制动盘,拖车转向架每个轮对安装三个轴装制动盘。制动夹钳单元为模块化结构,通过关节轴承与构架相连。夹钳单元设有闸调器,闸片与制动盘的间隙为 2 ~ 4 mm;间隙不合格时松开闸调器螺栓,车组施加制动过程中实现闸片间隙的自动调整。制动闸片采用烧结粉末冶金材料制成,结构组成包括闸片钢背、三角支架、摩擦块和卡簧。

四、指令形成及指令传输部分

国内地铁、动车组的制动系统大多采用模拟电—空直通式制动系统和数字电—空直通式制动系统。模拟电—空直通式制动系统采用以电压、电流或脉冲宽度作为电指令控制空气预控压力，再由空气预控压力控制制动缸压力的控制方法。数字电—空直通式制动系统经计算机网络传输的是经过编码形成的数字量（作为电指令），以数字形式经列车信息控制网络传送到各车的制动控制装置。

视 频

EP09

活动 2　检查外观

一、EP09

以某地铁车辆上使用的 EP09 制动系统为例，描述 EP09 外观检查的作业流程，见表 3-1。

表 3-1　EP09 外观检查

EP09 外观检查作业指导书		
项目：EP09 外观检查		
工装工具：手电筒等		作业材料：专用抹布等
参考资料：作业指导书、维修说明书、风路图		
安全防护及注意事项： 1. 开始作业前，关闭司机室 2. 注意防溜		
作业位置区域：车底		
作业步骤	作业程序及标准	技术要求
1	a. 开始作业前，关闭司机室 b. 施加停放制动	防止意外动车
2	确认列车停放在有地沟的检修道	
3	降弓、蓄电池断电，挂“严禁合闸”牌等作业防护牌	防止合闸
4	检查 EP09S、EP09G 的外观	完好、无裂纹、无破损
5	用干净抹布清洁表面	
6	检查紧固件有无松动	划线清晰、无错位
7	最后清理场地、恢复设备	
课程思政： 要求学生开展检修作业时做到“一查”（检查安全措施及信号是否到位）、“二验”（检验工器具、材料、作业工装、手续是否完整）、“三禁止”（禁止穿拖鞋、禁止吃东西、禁止违规作业）、“四鼓励”（鼓励多看、多想、多问、多干） 与学生约法三章，有始有终、一以贯之，将学生的不良习惯及良好行为均纳入课程成绩，通过项目考核引导学生从小事做起、从细节做起，培养正确的劳动观念、高度的责任意识及良好的行为习惯，进而形成严谨务实的作风，养成爱岗敬业精神 结合 EP09 的外观结构讲解，适时融入新结构、新工艺的内容，说明国家在制动技术方面取得的成就，培养爱党爱国情怀、专业认同感与民族自豪感等		

续上表

可能存在的问题：
1. 未设置安全防护措施及信号，将危及人身作业安全 2. 紧固件存在漏检的可能  3. 作业完成后，存在忘记清理场地、恢复设备的可能

视 频

EP09G

二、EP09G

以某地铁车辆上使用的EP09制动系统为例，描述EP09G外观检查的作业流程，见表3-2。

表3-2 EP09G外观检查

EP09G外观检查作业指导书		
项目：EP09G外观检查		
工装工具：手电筒、方孔钥匙等		作业材料：专用抹布、肥皂水等
参考资料：作业指导书、维修说明书、风路图		
安全防护及注意事项： 1. 开始作业前，关闭司机室 2. 注意防溜		
作业位置区域：车底外侧		
作业步骤	作业程序及标准	技术要求
1	a. 开始作业前，关闭司机室 b. 施加停放制动	防止意外动车
2	确认列车停放在有地沟的检修道	
3	降弓、蓄电池断电，挂“严禁合闸”牌等作业防护牌	防止合闸
4	检查EP09G的外观	完好、无裂纹、无破损
5	用干净抹布清洁表面	
6	电缆及管路安装紧固件	无松动、划线清晰、无错位
7	气路管路连接	无泄漏

续上表

<table>
<tr><th>作业步骤</th><th>作业程序及标准</th><th>技术要求</th></tr>
<tr><td>8</td><td>安装支座</td><td>无变形</td></tr>
<tr><td>9</td><td>消声器外观检查</td><td>良好、无缺失</td></tr>
<tr><td>10</td><td>最后清理场地、恢复设备</td><td></td></tr>
<tr><td colspan="3">课程思政：
要求学生开展检修作业时做到“一查”(检查安全措施及信号是否到位)、“二验”(检验工器具、材料、作业工装、手续是否完整)、“三禁止”(禁止穿拖鞋、禁止吃东西、禁止违规作业)、“四鼓励”(鼓励多看、多想、多问、多干)
与学生约法三章,有始有终、一以贯之,将学生的不良习惯及良好行为均纳入课程成绩,通过项目考核引导学生从小事做起、从细节做起,培养正确的劳动观念、高度的责任意识及良好的行为习惯,进而养成精益求精及爱岗敬业的精神
结合 EP09G 的外观检查讲解,适时融入新结构、新工艺的内容,说明国家在轨道交通车辆制动技术方面取得的成就,培养爱党爱国情怀及专业认同感与民族自豪感等</td></tr>
<tr><td colspan="3">可能存在的问题：
1. 未设置安全防护措施及信号,将危及人身作业安全
2. 紧固件存在漏检的可能
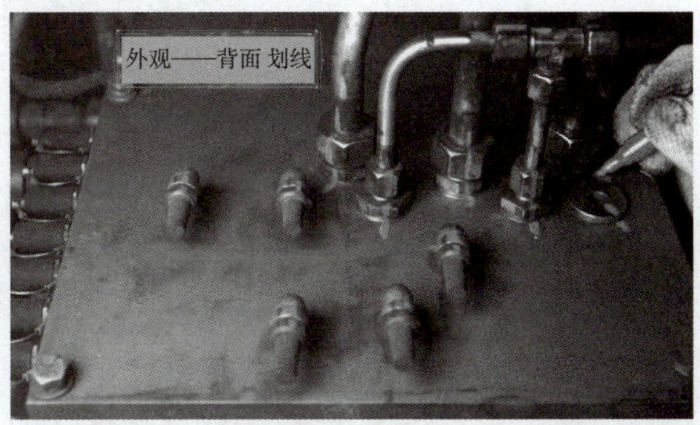

3. 作业完成后,存在忘记清理场地、恢复设备的可能</td></tr>
</table>

三、板卡

以某地铁车辆上使用的 EP09 制动系统为例,描述板卡外观检查的作业流程,见表 3-3。

视 频

板卡检修

表 3-3　板卡外观检查

<table>
<tr><th colspan="2">板卡外观检查作业指导书</th></tr>
<tr><td colspan="2">项目：板卡外观检查</td></tr>
<tr><td>工装工具：手电筒、方孔钥匙等</td><td>作业材料：专用抹布等</td></tr>
<tr><td colspan="2">参考资料：作业指导书、维修说明书、风路图</td></tr>
<tr><td colspan="2">安全防护及注意事项：
1. 开始作业前,关闭司机室
2. 注意防溜</td></tr>
<tr><td colspan="2">作业位置区域：车底外侧</td></tr>
</table>

续上表

作业步骤	作业程序及标准	技术要求
1	a. 开始作业前，关闭司机室 b. 施加停放制动	防止意外动车
2	确认列车停放在有地沟的检修道	
3	降弓、蓄电池断电，挂“严禁合闸”牌等作业防护牌	防止合闸
4	检查所有板卡的外观	
5	轻摇板卡及电缆接头，确认安装紧固	安装螺栓无松动
6	最后清理场地、恢复设备	

课程思政：

要求学生开展检修作业时做到“一查”（检查安全措施及信号是否到位）、“二验”（检验工器具、材料、作业工装、手续是否完整）、“三禁止”（禁止穿拖鞋、禁止吃东西、禁止违规作业）、“四鼓励”（鼓励多看、多想、多问、多干）

与学生约法三章，有始有终、一以贯之，将学生的不良习惯及良好行为均纳入课程成绩，通过项目考核引导学生从小事做起、从细节做起，培养正确的劳动观念、高度的责任意识及良好的行为习惯，进而形成严谨务实的作风，养成爱岗敬业精神

结合板卡硬件结构及软件程序的知识讲解，适时融入新结构、新技术的内容，说明国家在轨道交通车辆制动技术方面取得的成就，培养爱党爱国情怀、专业认同感与民族自豪感等

可能存在的问题：

1. 未设置安全防护措施及信号，将危及人身作业安全
2. 作业中恢复供电，存在触电的危险
3. 板卡电缆接头存在漏检的可能

4. 作业完成后，存在忘记清理场地、恢复设备的可能

视频

箱体清洁检修

四、箱体

以某地铁车辆上使用的EP09制动系统为例，描述箱体外观检查的作业流程，见表3-4。

表 3-4　箱体清洁

箱体清洁作业指导书		
项目:箱体清洁		
工装工具:手电筒、方孔钥匙等		作业材料:专用抹布等
参考资料:作业指导书、维修说明书、风路图		
安全防护及注意事项: 1. 开始作业前,关闭司机室 2. 注意防溜		
作业位置区域:车底外侧		
作业步骤	作业程序及标准	技术要求
1	a. 开始作业前,关闭司机室 b. 施加停放制动	防止意外动车
2	确认列车停放在有地沟的检修道	
3	降弓、蓄电池断电,挂"严禁合闸"牌等作业防护牌	防止合闸
4	打开箱盖检查单元内部的灰尘情况	
5	用干净抹布清洁箱体内部及底部	清洁度Ⅲ级
6	最后清理场地、恢复设备	
课程思政: 要求学生开展检修作业时做到"一查"(检查安全措施及信号是否到位)、"二验"(检验工器具、材料、作业工装、手续是否完整)、"三禁止"(禁止穿拖鞋、禁止吃东西、禁止违规作业)、"四鼓励"(鼓励多看、多想、多问、多干) 与学生约法三章,有始有终、一以贯之,将学生的不良习惯及良好行为均纳入课程成绩,通过项目考核引导学生从小事做起、从细节做起,培养正确的劳动观念、高度的责任意识及良好的行为习惯,进而形成严谨务实的作风,养成爱岗敬业精神 结合箱体模块化结构的知识讲解,适时融入新结构、新技术的内容,说明国家在轨道交通车辆制动技术方面取得的成就,培养爱党爱国情怀及专业认同感与民族自豪感等		
可能存在的问题: 1. 未设置安全防护措施及信号,将危及人身作业安全 2. 作业中恢复供电,存在触电的危险  打开箱盖,检查单元内部的灰尘情况 3. 作业完成后,存在忘记清理场地、恢复设备的可能		

五、主调节阀及减压阀

视　频

主调节阀及减压阀检修

以某地铁车辆上使用的EP09制动系统为例,描述主调节阀及减压阀外观检查的作业流程,见表3-5。

表 3-5　检查主调节阀及减压阀外观

<table>
<tr><th colspan="3">检查主调节阀及减压阀外观作业指导书</th></tr>
<tr><td colspan="3">项目:检查主调节阀及减压阀外观</td></tr>
<tr><td colspan="2">工装工具:手电筒等</td><td>作业材料:专用抹布等</td></tr>
<tr><td colspan="3">参考资料:作业指导书、维修说明书、风路图</td></tr>
<tr><td colspan="3">安全防护及注意事项:
1. 开始作业前,关闭司机室
2. 注意防溜</td></tr>
<tr><td colspan="3">作业位置区域:车底外侧</td></tr>
<tr><th>作业步骤</th><th>作业程序及标准</th><th>技术要求</th></tr>
<tr><td>1</td><td>a. 开始作业前,关闭司机室
b. 施加停放制动</td><td>防止意外动车</td></tr>
<tr><td>2</td><td>确认列车停放在有地沟的检修道</td><td></td></tr>
<tr><td>3</td><td>降弓、蓄电池断电,挂“严禁合闸”牌等作业防护牌</td><td>防止合闸</td></tr>
<tr><td>4</td><td>检查主调节阀及减压阀的外观</td><td>完好、无裂纹、无破损</td></tr>
<tr><td>5</td><td>检查主调节阀及减压阀的锁紧螺母</td><td>无松动、划线清晰、无错位</td></tr>
<tr><td>6</td><td>最后清理场地、恢复设备</td><td></td></tr>
<tr><td colspan="3">课程思政:
要求学生开展检修作业时做到“一查”(检查安全措施及信号是否到位)、“二验”(检验工器具、材料、作业工装、手续是否完整)、“三禁止”(禁止穿拖鞋、禁止吃东西、禁止违规作业)、“四鼓励”(鼓励多看、多想、多问、多干)
与学生约法三章,有始有终、一以贯之,将学生的不良习惯及良好行为均纳入课程成绩,通过项目考核引导学生从小事做起、从细节做起,培养正确的劳动观念、高度的责任意识及良好的行为习惯,进而养成精益求精及爱岗敬业的精神
结合主调节阀及减压阀结构的知识讲解,适时融入新结构、新技术的内容,说明国家在轨道交通车辆制造领域取得的成就,培养爱党爱国情怀及专业认同感与民族自豪感等</td></tr>
<tr><td colspan="3">可能存在的问题:
1. 未设置安全防护措施及信号,将危及人身作业安全
2. 紧固件存在漏检的可能

3. 作业完成后,存在忘记清理场地、恢复设备的可能</td></tr>
</table>

视 频

辅助控制模块检修

六、辅助控制模块

以某地铁车辆上使用的 EP09 制动系统为例,描述辅助控制模块外观检查的作业流程,见表 3-6。

表 3-6　检查辅助控制模块外观

<table>
<tr><th colspan="3">辅助控制模块外观检查作业指导书</th></tr>
<tr><td colspan="3">项目:检查辅助控制模块外观</td></tr>
<tr><td colspan="2">工装工具:手电筒等</td><td>作业材料:专用抹布等</td></tr>
<tr><td colspan="3">参考资料:作业指导书、维修说明书、风路图</td></tr>
<tr><td colspan="3">安全防护及注意事项:
1. 开始作业前,关闭司机室
2. 注意防溜</td></tr>
<tr><td colspan="3">作业位置区域:车底外侧</td></tr>
<tr><td>作业步骤</td><td>作业程序及标准</td><td>技术要求</td></tr>
<tr><td>1</td><td>a. 开始作业前,关闭司机室
b. 施加停放制动</td><td>防止意外动车</td></tr>
<tr><td>2</td><td>确认列车停放在有地沟的检修道</td><td></td></tr>
<tr><td>3</td><td>降弓、蓄电池断电,挂“严禁合闸”牌等作业防护牌</td><td>防止合闸</td></tr>
<tr><td>4</td><td>检查储风缸</td><td>完好、无裂纹、无破损</td></tr>
<tr><td>5</td><td>检查辅助控制模块的框架</td><td>无变形、无裂纹</td></tr>
<tr><td>6</td><td>检查吊装螺栓、内部弯管及风缸安装螺栓</td><td>紧固、无松动、划线清晰、无错位</td></tr>
<tr><td>7</td><td>检查辅助模块盖板方孔锁是否锁闭及二次防护功能</td><td></td></tr>
<tr><td>8</td><td>检查主调节阀及减压阀的锁紧螺母</td><td></td></tr>
<tr><td>9</td><td>最后清理场地、恢复设备</td><td></td></tr>
<tr><td colspan="3">课程思政:
要求学生开展检修作业时做到“一查”(检查安全措施及信号是否到位)、“二验”(检验工器具、材料、作业工装、手续是否完整)、“三禁止”(禁止穿拖鞋、禁止吃东西、禁止违规作业)、“四鼓励”(鼓励多看、多想、多问、多干)
与学生约法三章,有始有终、一以贯之,将学生的不良习惯及良好行为均纳入课程成绩,通过项目考核引导学生从小事做起、从细节做起,培养正确的劳动观念、高度的责任意识及良好的行为习惯,进而形成严谨务实的作风,养成爱岗敬业精神
结合辅助控制模块化结构的知识讲解,适时融入新结构、新技术的内容,说明国家在先进制造业方面取得的成就,培养爱党爱国情怀、专业认同感与民族自豪感等</td></tr>
<tr><td colspan="3">可能存在的问题:
1. 未设置安全防护措施及信号,将危及人身作业安全
2. 作业中恢复供电,存在触电的危险
3. 紧固件存在漏检的可能
4. 作业完成后,存在忘记清理场地、恢复设备的可能</td></tr>
</table>

活动 3　检查制动软件版本

检查制动软件版本的方法一种是同时按动 EBCU 面板上的“S1”与“S2”键,显示 MB03 板的软件版本,若同时按动 EBCU 面板上的“S1”与“S3”键可显示 MB04 板的版本;另一种方

视 频

检查当前列车制动软件版本

法是在 Windows 操作系统下启动 EBCU 的维护软件,选择菜单中“Diagnosis”下的“Software version”也可检查 EBCU 中所有软件的版本。

当前列车制动软件版本检查

以某地铁车辆上使用的 KBGM-P 制动系统为例,描述当前列车制动版本软件检查的作业流程,见表 3-7。

表 3-7　检查当前列车制动软件版本

检查当前列车制动软件版本作业指导书		
项目:检查当前列车制动软件版本		
工装工具:手提电脑、方孔钥匙等		作业材料:专用抹布等
参考资料:作业指导书、维修说明书、风路图		
安全防护及注意事项: 1. 开始作业前,关闭司机室 2. 注意防溜		
作业位置区域:车底外侧		
作业步骤	作业程序及标准	技术要求
1	a. 开始作业前,关闭司机室 b. 施加停放制动	作业前确认车组已设防护信号及防溜措施
2	确认列车停放在有地沟的检修道	
3	确认车组蓄电池电压,注意防触电危险	110 V 电压
4	打开制动控制单元裙板及内盖板	
5	用 RS232 串行通信电缆连接制动 EBCU 和笔记本电脑,并用项目专用程序文件启动服务终端软件	
6	用维护软件连接每个车的 EBCU,读取记录下每个板卡的应用软件版本,主要查看组件编号及代码、应用软件及版本、基础软件及版本	确认版本正确
7	最后清理场地、恢复设备	
课程思政: 要求学生开展检修作业时做到“一查”(检查安全措施及信号是否到位)、“二验”(检验工器具、材料、作业工装、手续是否完整)、“三禁止”(禁止穿拖鞋、禁止吃东西、禁止违规作业)、“四鼓励”(鼓励多看、多想、多问、多干) 与学生约法三章,有始有终、一以贯之,将学生的不良习惯及良好行为均纳入课程成绩,通过项目考核引导学生从小事做起、从细节做起,培养正确的劳动观念、高度的责任意识及良好的行为习惯,进而形成严谨务实的作风,养成爱岗敬业精神 结合辅助控制模块化结构的知识讲解,适时融入新结构、新技术的内容,说明国家在先进制造业方面取得的成就,培养爱党爱国情怀、专业认同感与民族自豪感等		

续上表

可能存在的问题：

1. 未设置安全防护措施及信号，将危及人身作业安全
2. 作业中恢复供电，存在触电的危险
3. 存在软件版本错误的可能

打开PC机中的KNORR维护软件界面

4. 作业完成后，存在忘记清理场地、恢复设备的可能

任务二　电—空直通式制动系统试验

活动 1　知识准备

一、气制动工作原理

1. 常用制动

常用制动时，电—空制动系统通过制动计算机控制电—空转换阀的得、失电，将制动计算机的电指令值转换为对应的空气压力值——制动预控压力值。

常用制动时，来自空气弹簧的载荷压力，经压力传感器转换成电压信号后传向 EBCU；EBCU 根据当前荷载、制动指令、运行速度，计算预控压力，并通过电—空转换阀将电指令转换成空气预控压力。因常用制动时紧急制动电磁阀始终得电，可使电—空转换阀的预控压力通过限压阀及中继阀施加常用制动。

当空气预控压力达到 EBCU 的计算值时，EBCU 将控制电—空转换阀中的制动电磁阀失电，预控压力保持不变；当制动缸压力达到预控压力时，制动缸停止充风，列车处于保压状态。当 EBCU 收到缓解指令时，将控制电—空转换阀中的缓解电磁阀得电，预控压力通道连通大气，预控压力逐渐下降，并控制制动缸压力通过中继阀或防滑阀排向大气，列车开始缓解。

2. 紧急制动

紧急制动电磁阀从紧急制动安全回路取电，当紧急制动安全回路断开时将导致紧急制动电磁阀失电，并引发紧急制动。紧急制动时，紧急阀直接连通总风与预控压力的通路，隔离制动计算机及电—空转换阀。制动储风缸的风直接通向限压阀，载荷压力来自空气悬挂，

作为负载指令送入限压阀,对送入中继阀的预控压力 C_{V3} 进行限压,使预控压力 C_{V3} 与载荷成比例,进而使制动缸能按照载荷比例施加紧急制动。

任何时候制动预控压力值都通过压力传感器反馈给制动计算机的 MB04B 板,同时将压力传递给后续管路,最终通过中继阀控制制动缸的压力,制动缸的压力则通过压力传感器反馈给制动计算机的 MB03B 板。

视 频

停放制动工作原理

二、停放制动工作原理

1. 停放制动施加

当按下"停放制动施加"按钮,控制双向脉冲阀电磁铁 1b 得电、1a 失电时,总风接口引入的总风充入活塞右侧,推动活塞左移,切断总风与弹停缸的通道,连通弹停缸与大气,即将停放制动缸的气体排向大气,停放制动缸弹簧伸出,通过传动机构使闸瓦/闸片作用在制动踏面/制动盘上,产生停放制动力。

2. 停放制动缓解

当按下"停放制动缓解"按钮,控制电磁铁 1a 得电、1b 失电时,总风接口引入的总风充入活塞左侧,推动活塞右移,切断弹停缸与大气的通道,连通总风与弹停缸,即总风向停放制动缸充气,停放制动缸弹簧在压力空气的作用下压缩,逐渐缓解停放制动力。

断电紧急情况下,无法自动控制时,还可手动操作脉冲阀,将手动操作按钮 Ka 或 Kb 按压到底,推动活塞移向终端位置中的一个。松开手动操作按钮后,按钮会在弹簧力的作用下回到初始位置,但活塞停留在某个终端位置。

活动 2 制动系统试验

一、停放制动施加缓解试验(数字资源网址:http://mooc.icve.com.cn/)

以某地铁车辆上使用的 KBGM-P 制动系统为例,描述列车停放制动施加/缓解试验的作业流程,见表 3-8。

表 3-8 停放制动施加/缓解试验

停放制动施加/缓解试验作业指导书		
项目:停放制动施加/缓解试验		
工装工具:列车主控钥匙		作业材料:无
参考资料:作业指导书、维修说明书、风路图		
安全防护及注意事项:开始作业前,注意防溜		
作业位置区域:司机室		
作业步骤	作业程序及标准	技术要求
1	a. 开始作业前,激活列车 b. 施加停放制动	作业前确认车组已设防护信号及防溜措施
2	确认车组蓄电池电压,注意防触电危险	110 V 电压
3	在司机室按"升"弓按钮,确认受电弓升弓情况,观察列车总风压	总风压在 7.5 ~9 bar 范围内

续上表

<table>
<tr><th>作业步骤</th><th>作业程序及标准</th><th>技术要求</th></tr>
<tr><td>4</td><td>在司机操作界面上，按压“停放制动施加/缓解”按钮，检查显示屏上的各种制动状态</td><td>HMI 屏显示“停放制动施加/缓解”状态，观察“停放制动施加/缓解”指示灯是否亮起</td></tr>
<tr><td>5</td><td>最后清理场地、恢复设备</td><td></td></tr>
<tr><td colspan="3">课程思政：
要求学生开展检修作业时做到“一查”（检查安全措施及信号是否到位）、“二验”（检验工器具、材料、作业工装、手续是否完整）、“三禁止”（禁止穿拖鞋、禁止吃东西、禁止违规作业）、“四鼓励”（鼓励多看、多想、多问、多干）
与学生约法三章，有始有终、一以贯之，将学生的不良习惯及良好行为均纳入课程成绩，通过项目考核引导学生从小事做起、从细节做起，培养正确的劳动观念、严谨的工作作风及良好的行为习惯，进而形成严谨务实的作风，养成爱岗敬业精神
结合工艺流程的实施，强调工艺流程意识，说明制动系统的停放制动在铁路运输过程中及车辆检修人员生产过程中保障运输及作业安全的重要性，培养学生高度的责任感和使命感</td></tr>
<tr><td colspan="3">可能存在的问题：
1. 未设置安全防护措施及信号，将危及人身作业安全
2. 作业完成后，存在忘记清理场地、恢复设备的可能
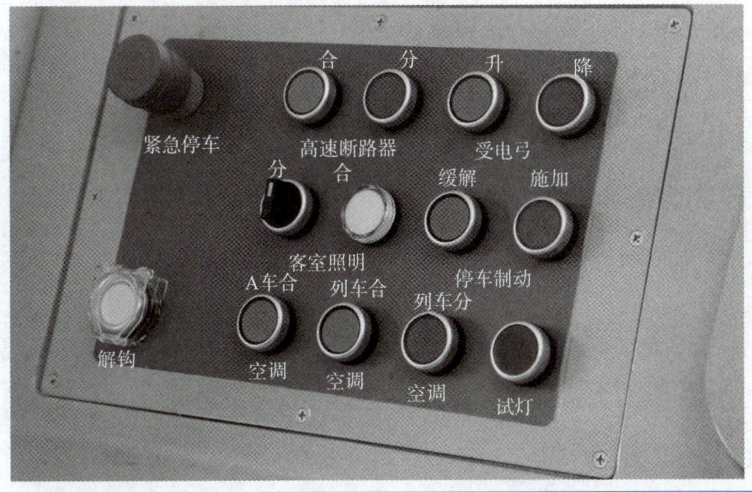
</td></tr>
</table>

视　频

紧急制动试验—利用 N04-05

二、紧急制动试验（1）

参照 CRH380B 动车组静调试验标准，描述试验不同紧急制动模式的作业流程，见表 3-9。

表 3-9　紧急制动试验（1）

<table>
<tr><th colspan="2">紧急制动试验作业指导书</th></tr>
<tr><td colspan="2">项目：紧急制动试验——激活制动控制手柄</td></tr>
<tr><td>工装工具：对讲机等</td><td>作业材料：无</td></tr>
<tr><td colspan="2">参考资料：作业指导书、维修说明书、风路图</td></tr>
<tr><td colspan="2">安全防护及注意事项：开始作业前，注意防溜</td></tr>
<tr><td colspan="2">作业位置区域：司机室</td></tr>
</table>

续上表

作业步骤	作业程序及标准	技术要求
1	试验前占用司机室，在 HMI 上的故障界面确认无影响试验进行的相关故障存在	确认车组已设置防溜措施
2	试验前确保作业车组的 BCU 处于有电正常工作状态，在 HMI 制动界面确认所有车的制动能正常施加和缓解	
3	在占用端司机室 HMI 上确认全车 BCU 的软件版本信息	要求能显示全部版本信息，通信正常，可进行后续试验
4	关闭所有车辆的直接制动旋塞 B06.02，断开 EC01 和 EC00 车电磁阀 N05 的插头	
5	占用 EC01 车司机室，制动管充风	制动管充风至 6 bar
6	通过 EC01 车中的司机制动阀(C23)应用紧急制动，测量 01 车制动管压力排空($p<0.7$ bar)的时间和制动缸压力达到最大值(3 bar)95% 的时间	
7	在 EC00 车司机室重复上述试验步骤	
8	控制手柄施加紧急制动试验完毕	
9	最后清理场地、恢复设备	

课程思政：

要求学生开展检修作业时做到“一查”(检查安全措施及信号是否到位)、“二验”(检验工器具、材料、作业工装、手续是否完整)、“三禁止”(禁止穿拖鞋、禁止吃东西、禁止违规作业)、“四鼓励”(鼓励多看、多想、多问、多干)

与学生约法三章，有始有终、一以贯之，将学生的不良习惯及良好行为均纳入课程成绩，通过项目考核引导学生从小事做起、从细节做起，培养正确的劳动观念、严谨的工作作风及良好的行为习惯，进而养成精益求精及爱岗敬业的精神

结合工艺流程的实施，强调工艺流程意识，说明制动系统的紧急制动模式在铁路运输过程中保障人民群众生命和财产安全的重要性，培养学生高度的责任感和使命感

可能存在的问题：

1. 未设置安全防护措施及信号，将危及人身作业安全
2. 作业中存在工艺流程错误的可能
3. 作业完成后，存在忘记清理场地、恢复设备的可能

视频

紧急制动试验—激活 N03

三、紧急制动试验(2)

参照 CRH380B 动车组静调试验标准,描述试验不同紧急制动模式的作业流程,见表 3-10。

表 3-10　紧急制动试验(2)

<table>
<tr><th colspan="3">紧急制动试验作业指导书</th></tr>
<tr><td colspan="3">项目:紧急制动试验——激活紧急制动按钮</td></tr>
<tr><td colspan="2">工装工具:对讲机等</td><td>作业材料:无</td></tr>
<tr><td colspan="3">参考资料:作业指导书、维修说明书、风路图</td></tr>
<tr><td colspan="3">安全防护及注意事项:开始作业前,注意防溜</td></tr>
<tr><td colspan="3">作业位置区域:司机室</td></tr>
<tr><th>作业步骤</th><th>作业程序及标准</th><th>技术要求</th></tr>
<tr><td>1</td><td>试验前占用司机室,在 HMI 上的故障界面确认无影响试验进行的相关故障存在</td><td>确认车组已设置防溜措施</td></tr>
<tr><td>2</td><td>试验前确保作业车组的 BCU 处于有电正常工作状态,在 HMI 制动界面确认所有车的制动能正常施加和缓解</td><td></td></tr>
<tr><td>3</td><td>在占用端司机室 HMI 上确认全车 BCU 的软件版本信息</td><td>要求能显示全部版本信息,通信正常,可进行后续试验</td></tr>
<tr><td>4</td><td>占用 EC01 车司机室,制动管充风</td><td>制动管充风至 6 bar</td></tr>
<tr><td>5</td><td>通过 EC01 车中的紧急制动按钮应用紧急制动,测量 01 车制动管压力排空($p<0.7$ bar)的时间和制动缸压力达到最大值 95% 的时间</td><td></td></tr>
<tr><td>6</td><td>在 EC00 车重复上述试验步骤</td><td></td></tr>
<tr><td>7</td><td>再次打开直接制动的所有旋塞(B06.02),检查直接制动再次供风</td><td>连接电磁阀 N05 的插头</td></tr>
<tr><td>8</td><td>紧急制动按钮施加紧急制动试验完毕</td><td></td></tr>
<tr><td>9</td><td>最后清理场地、恢复设备</td><td></td></tr>
<tr><td colspan="3">课程思政:
要求学生开展检修作业时做到“一查”(检查安全措施及信号是否到位)、“二验”(检验工器具、材料、作业工装、手续是否完整)、“三禁止”(禁止穿拖鞋、禁止吃东西、禁止违规作业)、“四鼓励”(鼓励多看、多想、多问、多干)
与学生约法三章,有始有终、一以贯之,将学生的不良习惯及良好行为均纳入课程成绩,通过项目考核引导学生从小事做起、从细节做起,培养正确的劳动观念、严谨的工作作风及良好的行为习惯,进而形成严谨务实的作风,养成爱岗敬业精神
结合工艺流程的实施,强调工艺流程意识,说明制动系统的紧急制动模式在铁路运输过程中保障人民群众生命和财产安全的重要性,培养学生高度的责任感和使命感</td></tr>
</table>

续上表

可能存在的问题： 1. 未设置安全防护措施及信号，将危及人身作业安全 2. 作业中存在工艺流程错误的可能 3. 作业完成后，存在忘记清理场地、恢复设备的可能

视 频

紧急制动试验——利用 B60.03

四、紧急制动试验(3)

参照 CRH380B 动车组静调试验标准，描述试验不同紧急制动模式的作业流程，见表 3-11。

表 3-11　紧急制动试验(3)

紧急制动试验作业指导书		
项目：紧急制动试验——紧急制动阀		
工装工具：对讲机等		作业材料：无
参考资料：作业指导书、维修说明书、风路图		
安全防护及注意事项：开始作业前，注意防溜		
作业位置区域：司机室		
作业步骤	作业程序及标准	技术要求
1	试验前占用司机室，在 HMI 上的故障界面确认无影响试验进行的相关故障存在	确认车组已设置防溜措施
2	试验前确保作业车组的 BCU 处于有电正常工作状态，在 HMI 制动界面确认所有车的制动能正常施加和缓解	
3	在占用端司机室 HMI 上确认全车 BCU 的软件版本信息	要求能显示全部版本信息，通信正常，可进行后续试验
4	恢复所有车的直接制动旋塞 B06.02	
5	占用 EC01 车司机室，制动管充风至 6 bar，司机制动手柄处于缓解位置	

续上表

作业步骤	作业程序及标准	技术要求
6	关闭所有车辆上的间接制动旋塞 B55.03，此时所有车制动施加；将风压表的风嘴连接至所有车辆上的 B60.18 排放分配阀压力，排风完毕后所有制动缓解	
7	在 EC01 车内通过按压紧急制动按钮施加紧急制动，检查紧急制动施加，所有车的空气制动指示器显示红色	
8	拉动紧急制动按钮缓解紧急制动，检查紧急制动缓解	所有车的空气制动指示器显示绿色
9	在 EC00 车重复上述试验步骤	
10	紧急制动阀 B60.03 施加紧急制动试验完毕	
11	最后清理场地、恢复设备	

课程思政：

要求学生开展检修作业时做到"一查"(检查安全措施及信号是否到位)、"二验"(检验工器具、材料、作业工装、手续是否完整)、"三禁止"(禁止穿拖鞋、禁止吃东西、禁止违规作业)、"四鼓励"(鼓励多看、多想、多问、多干)

与学生约法三章，有始有终、一以贯之，将学生的不良习惯及良好行为均纳入课程成绩，通过项目考核引导学生从小事做起、从细节做起，培养正确的劳动观念、严谨的工作作风及良好的行为习惯，进而养成精益求精及爱岗敬业的精神

结合工艺流程的实施，强调工艺流程意识，说明制动系统的紧急制动模式在铁路运输过程中保障人民群众生命和财产安全的重要性，培养学生高度的责任感和使命感

可能存在的问题：

1. 未设置安全防护措施及信号，将危及人身作业安全
2. 作业中存在工艺流程错误的可能
3. 作业完成后，存在忘记清理场地、恢复设备的可能

BCU的外形结构图

视 频

备用模式试验

五、备用制动试验

参照 CRH380B 动车组静调试验标准,描述备用制动试验的作业流程,见表 3-12。

表 3-12　备用制动试验

备用制动试验作业指导书		
项目:备用制动试验		
工装工具:主控钥匙等		作业材料:无
参考资料:作业指导书、维修说明书、风路图		
安全防护及注意事项:开始作业前,注意防溜		
作业位置区域:司机室		
作业步骤	作业程序及标准	技术要求
1	试验前占用司机室,在 HMI 上的故障界面确认无影响试验进行的相关故障存在	确认车组已设置防溜措施
2	试验前确保作业车组的 BCU 处于有电正常工作状态,在 HMI 制动界面确认所有车的制动能正常施加和缓解	
3	在占用端司机室 HMI 上确认全车 BCU 的软件版本信息	要求能显示全部版本信息,通信正常,可进行后续试验
4	确认车组未施加紧急制动,利用制动手柄 C23 施加 5 级制动	
5	利用 C14 阀激活备用制动,利用 ZB11 手柄将制动管压力充风至(6.2 ±0.2) bar	检查所有制动已缓解
6	利用 ZB11 将制动管压力降至 4 ~4.5 bar	检查所有制动已施加
7	利用 ZB11 将制动管压力充风至 6 bar	检查所有制动已缓解
8	利用 ZB11 将制动管压力快速降至 0.2 bar 以下,检查压力降至 4 bar 以下的时间	时间 <10 s
9	利用 ZB11 再次给制动管充风至制动缓解,记录充风时间	CRH3C 时间 <45 s, CRH380BL 时间 <150 s
10	利用 ZB11 将制动管压力降低至(5.5 ±0.2) bar,检查列车上所有制动都施加,所有空气制动指示器均显示红色	
11	将压力表连接至占用端司机室制动管压力测试口 C07/2 上,记录压力 5 min,要求泄漏量在规定范围内;再保持该状态 5 min,检查所有制动仍施加	泄漏量≤15 kPa
12	恢复 C14 阀,制动管压力会下降,然后压力再次上升至(5.9 ±0.2) bar,间接制动被缓解,直接制动由于司机制动手柄 C23 打到"5 级制动"而再次被施加	
13	分别在两端司机室进行上述试验 1 ~6 步骤,7 ~8 步骤仅需在一端司机室进行	
14	备用模式试验完毕,清理场地、恢复设备	

续上表

课程思政：
要求学生开展检修作业时做到"一查"(检查安全措施及信号是否到位)、"二验"(检验工器具、材料、作业工装、手续是否完整)、"三禁止"(禁止穿拖鞋、禁止吃东西、禁止违规作业)、"四鼓励"(鼓励多看、多想、多问、多干) 与学生约法三章,有始有终、一以贯之,将学生的不良习惯及良好行为均纳入课程成绩,通过项目考核引导学生从小事做起、从细节做起,培养正确的劳动观念、严谨的工作作风及良好的行为习惯,进而形成严谨务实的作风,养成爱岗敬业精神 结合工艺流程的实施,强调工艺流程意识,说明制动系统的紧急制动模式在铁路运输过程中保障人民群众生命和财产安全的重要性,培养学生高度的责任感和使命感
可能存在的问题： 1. 未设置安全防护措施及信号,将危及人身作业安全 2. 风压不足导致试验结果有失真的可能 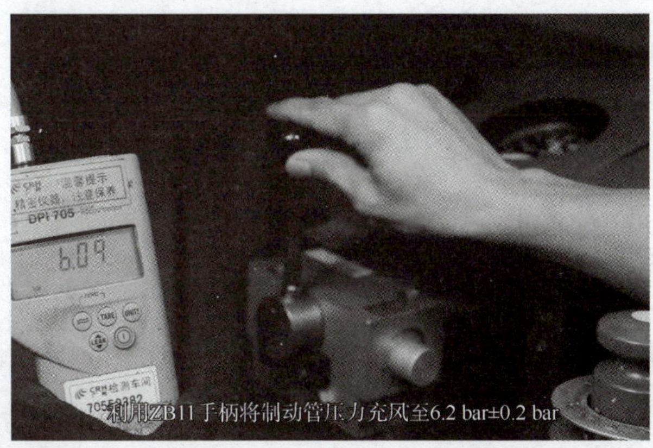 3. 作业中存在试验步骤缺失的可能 4. 作业完成后,存在忘记清理场地、恢复设备的可能

六、EP2002 阀功能试验(数字资源网址:http://mooc. icve. com. cn/)

以某地铁车辆上使用的 EP2002 制动系统为例,描述 EP2002 阀功能试验的作业流程,见表 3-13。

表 3-13　EP2002 阀功能试验

EP2002 阀功能试验作业指导书		
项目:EP2002 阀功能试验		
工装工具:主控钥匙等		作业材料:无
参考资料:作业指导书、维修说明书、风路图		
安全防护及注意事项:开始作业前,注意防溜		
作业位置区域:司机室及车底		
作业步骤	作业程序及标准	技术要求
1	a. 开始作业前,关闭司机室 b. 施加停放制动	作业前确认车组已设防护信号及防溜措施
2	确认列车停放在有地沟的检修道	
3	合上蓄电池开关,确认车组蓄电池电压,注意防触电危险	110 V 电压

续上表

作业步骤	作业程序及标准	技术要求
4	激活列车,升弓将气压打至额定压力	9 bar
5	降弓,挂"正在检修、严禁动车"牌	
6	在 AW0 载荷及气压大于 8 bar、列车空载时,缓解停放制动缸压力	
7	在司机室,操作方向手柄、牵引制动手柄至相应的制动模式位,将气压表分别接入 EP2002 阀各轴测试接口(BC1 或 BC2 或 BC3 或 BC4)读取相应轴位压力值	
8	100% 常用制动模式	压力值符合要求
9	快速制动模式	压力值符合要求
10	紧急制动模式	压力值符合要求
11	保压制动模式	压力值符合要求
12	试验完毕,清理场地、恢复设备	

课程思政:

要求学生开展检修作业时做到"一查"(检查安全措施及信号是否到位)、"二验"(检验工器具、材料、作业工装、手续是否完整)、"三禁止"(禁止穿拖鞋、禁止吃东西、禁止违规作业)、"四鼓励"(鼓励多看、多想、多问、多干)

与学生约法三章,有始有终、一以贯之,将学生的不良习惯及良好行为均纳入课程成绩,通过项目考核引导学生从小事做起、从细节做起,培养正确的劳动观念、严谨的工作作风及良好的行为习惯,进而养成精益求精及爱岗敬业的精神

结合工艺流程的实施,强调工艺流程意识,说明制动控制阀在铁路运输过程中保障人民群众生命和财产安全的重要性,培养学生高度的责任感和使命感

可能存在的问题:

1. 未设置安全防护措施及信号,将危及人身作业安全
2. 风压不足导致试验结果有失真的可能

在AW0载荷及气压大于8 bar

3. 作业中存在两人作业不同步的可能
4. 作业完成后,存在忘记清理场地、恢复设备的可能

练 习 题

请在完成电—空直通式制动系统每个项目的检修任务之后，填写下列任务单。

1. 任务准备单

<table>
<tr><td>检修任务</td><td colspan="2"></td><td>学时数</td><td>____学时</td></tr>
<tr><td>工作情境</td><td colspan="4"></td></tr>
<tr><td>知识搜集方式
(请选择)</td><td colspan="4">□教材等图书资料 □慕课 □网络搜索 □企业调研 □小组研讨</td></tr>
<tr><td>参考资料
(请选择)</td><td colspan="4">□教材 □检修视频 □课件 □作业指导书 □厂商技术资料</td></tr>
<tr><td>任务描述</td><td colspan="4">(参考示例：通过分析空压机油更换的工作任务，制订当天作业计划，确定 2 人协同完成作业；明确检修作业的安全注意事项，提前熟悉车底的工作场景及更换空压机油的工艺流程，确保已设置列车防护信号、列车防溜措施；准备更换空压机油的工器具材料，包括机油、抹布、内六角扳手、扭矩扳手等；预热空压机，排油、清洗、注油、拧紧并防松，试验合格后完工清理)</td></tr>
<tr><td rowspan="2">课前准备</td><td>工具要求</td><td>材料要求</td><td colspan="2">预习知识要求</td></tr>
<tr><td></td><td></td><td colspan="2"></td></tr>
</table>

2. 成绩报告单

<table>
<tr><td colspan="9">（________）检修项目作业成绩报告单</td></tr>
<tr><td colspan="2">班级</td><td colspan="3"></td><td>小组</td><td>第（ ）小组</td><td>姓名</td><td></td></tr>
<tr><td colspan="2">检修任务</td><td colspan="7"></td></tr>
<tr><td colspan="2">典型工作过程</td><td colspan="7">小组制作 PPT 或现场汇报工作流程</td></tr>
<tr><td colspan="2">遇到的问题及处理方法</td><td colspan="7"></td></tr>
<tr><td colspan="2">过程项目</td><td>课前准备（10%）</td><td>小组合作（10%）</td><td>防护信号（10%）</td><td>工艺流程（40%）</td><td>安全作业（10%）</td><td>技能水平（10%）</td><td>职业素养（10%）</td></tr>
<tr><td rowspan="3">评分</td><td>自评</td><td></td><td></td><td></td><td></td><td></td><td></td><td></td></tr>
<tr><td>互评</td><td></td><td></td><td></td><td></td><td></td><td></td><td></td></tr>
<tr><td>教师评</td><td></td><td></td><td></td><td></td><td></td><td></td><td></td></tr>
<tr><td colspan="2">合计</td><td colspan="7"></td></tr>
<tr><td colspan="2">教师签字</td><td colspan="2"></td><td colspan="3">日期</td><td colspan="2"></td></tr>
</table>

项目四 基础制动及防滑系统的检修

通过本项目的学习，培养学生检修基础制动装置及防滑系统的能力，使学生能根据工艺流程开展检修维护、试验、测试等工作。

检修基础制动及防滑系统的学习任务单

<table>
<tr><td>学习情境</td><td colspan="3">利用制动机实训室及 VR 虚拟仿真实训室，创设与企业真实工作情境尽量一致的学习情境，让学生在知识应用情境中开展检修</td></tr>
<tr><td>学习任务</td><td colspan="3">根据工艺流程，检修基础制动装置及防滑系统</td></tr>
<tr><td>典型工作任务</td><td colspan="3">制动系统运行一段时间后，根据检修规程，需要分别检查基础制动装置及防滑系统</td></tr>
<tr><td rowspan="2">学习目标</td><td>知识目标</td><td>能力目标</td><td>素养目标</td></tr>
<tr><td>1. 掌握基础制动装置的类型、用途
2. 熟悉闸瓦制动装置的结构、工作原理
3. 掌握盘形制动单元的结构、工作原理
4. 熟悉防滑系统的结构、工作原理</td><td>1. 能正确更换闸瓦及调间隙
2. 能正确更换闸片及调整闸片与制动盘的间隙
3. 能处理防滑系统故障</td><td>1. 树立安全意识、工艺流程思想及终身学习意识
2. 教育学生专注做事、规范作业、精益求精
3. 培养分析、解决问题的能力及团队协作能力
4. 培养责任感，建立使命感</td></tr>
<tr><td colspan="4">慕课开放平台首页网址：http://mooc.icve.com.cn/</td></tr>
</table>

任务一 检修踏面制动装置

活动 1 知识准备

基础制动装置就是空气制动系统的执行部分，也是转向架上的组成部分之一，可将制动系统中的空气压力转换为制动力，是轨道交通车辆气制动的最后实施环节。工作时条件较为恶劣，需要承受转向架运动过程中产生的各个方向的冲击力或外力，容易引发故障，加上动作频繁，制动时闸瓦与车轮踏面、闸片与制动盘之间存在动摩擦副，材料磨耗也较为显著，因此需要频繁地更换闸瓦、闸片，或单元制动装置等。

一、结构

分别以 PEC7-EX 型和 PEC7-EF 型踏面制动装置为例进行结构介绍。

PEC7-EX 型踏面制动单元可实现运行过程中的制动施加与缓解，无停放制动功能。其结构紧凑，无连杆，可竖直或水平位置安装在转向架上一个较小的空间内，能节省空间。主要由制动气缸和活塞、两个对称安装的凸轮盘、调节装置、六角复位螺栓等组件组成。其中凸轮盘可传送制动力，传动比率由凸轮轮距决定；调节装置可根据闸瓦和轮对的磨损情况对闸瓦的间隙进行自动调节，因此在更换闸瓦时无需进行间隙调整工作。更换闸瓦后，需用重置机械装置使主轴复位。

PEC7-EF 型踏面制动单元可实现运行过程中的气制动和停放制动，为实现停放制动，该制动单元在 PEC7-EX 型号的基础上额外配有一个弹簧传动装置。PEC7-EF 型号弹簧传动装置由压缩空气控制，只需在司机室操作停放制动施加/缓解的按钮，便可集中启动/缓解车上所有的停放制动。弹簧传动装置配有一个手动紧急缓解装置，使车辆的停放制动在没有压缩空气的情况下也可缓解。缓解停放制动时，操作员必须用把手拔出挺杆。

视 频

PC7YF 型踏面制动单元整件分解

二、原理

1. 不带停放踏面制动单元的工作原理

1）制动施加

压缩空气通过进气孔进入制动气缸充气，启动制动，活塞将空气压力传至两个凸轮盘上，凸轮盘沿着滚子滑动并将整个调节装置、主轴和闸瓦垫一起推动至制动位置；当闸瓦与轮对接触时，空气压力就转化为机械力，制动力就产生了。

2）制动缓解

将踏面制动单元的制动缸内气体向外界排出时，制动缓解。所有的零部件都通过复位弹簧回到起始位置。

2. 停放制动缸的工作原理

1）停放制动缓解

在缓解位置时，停放制动缸内的弹簧活塞在总风压力的作用下，压缩传动弹簧向上移动，螺母与主轴紧紧地啮合在一起，并随着弹簧活塞一起向上移动；当主轴与制动缸的活塞分开后，停放制动完全缓解。

2）停放制动施加

当停放制动缸压力室内的压力空气从排气口排出时，弹簧活塞在传动弹簧的作用下向下移动，带动螺母与主轴向下移动，推动制动缸活塞向下移动，实施弹簧制动作用。主轴带有无自锁螺纹结构，作用在上面的力矩，由螺母和挺杆锁紧齿轮限制。

3）停放制动的手动缓解

在车辆无压缩空气可用或处于紧急状态的情况下，需要缓解停放制动器产生的弹簧制动作用力时，需拔出挺杆，拉动手动快速缓解装置。

当拉动手动快速缓解装置，拔出挺杆时，齿轮与锁紧机构脱开，主轴在传动弹簧力的作用下旋转上移，带动导板、半圆键及齿轮一起旋转。随着主轴旋转上移，与制动缸的活塞分开后,即完成手动缓解作用。手动缓解时大部分弹簧能都可转换为循环能,所以在活塞接触气缸底部时无须再减振,这是因为在活塞接触气缸底部后,因齿轮的动量很大,零部件仍持续旋转,连接的零部件滑动并通过摩擦力缓解剩余的动量。

4)撤消停放制动的手动缓解

手动缓解后,若要施加停放制动,必须给停放制动缸重新充气,使活塞再次负载。当停放制动装置实现手动快速缓解后,再向停放制动缸充入总风时,由于压缩空气的作用,活塞将产生向上移动的趋势;因齿轮的齿形为单向锁闭,使螺母反向旋转,促使活塞沿调整螺杆向上移动,克服传动弹簧的作用力,并与锁紧机构接触,使停放制动装置重新达到缓解位。

活动 2　检修踏面制动装置

必须参照相关管理规程检查闸瓦的磨损情况,如达到规定的最小厚度则必须按工艺流程更换闸瓦。

一、更换闸瓦(数字资源网址:http://mooc.icve.com.cn/)

当闸瓦磨损达到它的磨损限度标记或产生穿过整个闸瓦、宽度大于上限的断纹时,建议更换闸瓦。

以某地铁车辆上使用的 PEC7 型踏面制动装置为例,描述更换闸瓦的作业流程,见表 4-1。

表 4-1　更换制动闸瓦

更换制动闸瓦作业指导书		
项目:更换闸瓦		
维护时间:闸瓦磨耗超限时		
工装工具:列车钥匙、方孔钥匙、46#开口扳手、3 kg 铁锤		作业材料:专用空心圆钢条、新闸瓦、开口销(8 mm × 100 mm)等
安全防护及注意事项: 1. 确认列车无电,切除需更换闸瓦车辆的转向架上控制制动缸的截断塞门,排空相关管路中的压缩空气 2. 如相应车轴安装的是带停放制动的单元制动机,则需拉动相应车轴的停放制动手动缓解拉环,并恢复停放制动手动缓解拉环的扣环		
作业位置区域:转向架		
作业步骤	作业程序及标准	技术要求
1	用方孔钥匙打开该节车辆相应转向架的盖板,切除控制相应转向架的截断塞门	等待 1 min
2	若单元制动机带停放制动装置,则需拉动相应车轴的停放制动手动缓解拉环,之后恢复停放制动手动缓解拉环的扣环	
3	用 46#大开口扳手将闸瓦间隙调整器螺母调松至最大间隙位置处	
4	用专用空心圆钢条调直 8 mm × 100 mm 的开口销,并打出	
5	取出闸瓦销,拆除旧闸瓦	

续上表

作业步骤	作业程序及标准	技术要求
6	安装新闸瓦，插入闸瓦销，对准闸瓦托，插入一个新的 8 mm×100 mm 开口销	新闸瓦有弧面的一侧应朝内，开口销开度＞120°
7	用 46#大开口扳手来回两次调整闸瓦间隙值	首先闸瓦贴合至车轮踏面，然后再松离车轮踏面至闸瓦间隙值 20 mm 处，再重复一次
8	恢复控制该车相应转向架的截断塞门 B09	
9	一人激活列车，来回 2～3 次操作方向手柄、牵引手柄，施加/缓解列车制动；另一人查看该轴闸瓦间隙值是否已自动调整至 8～12 mm 的范围。否则，须重复步骤 7 进行调整，重复步骤 9 进行测试	查看间隙值时只能目测，切勿伸手 闸瓦间隙值：8～12 mm
10	清点工具，收拾旧闸瓦、开口销，放至规定处	

课程思政：

要求学生开展检修作业时做到"一查"（检查安全措施及信号是否到位）、"二验"（检验工器具、材料、作业工装、手续是否完整）、"三禁止"（禁止穿拖鞋、禁止吃东西、禁止违规作业）、"四鼓励"（鼓励多看、多想、多问、多干）

与学生约法三章，有始有终、一以贯之，将学生的不良习惯及良好行为均纳入课程成绩，通过项目考核引导学生从小事做起、从细节做起，培养正确的劳动观念、高度的责任意识及良好的行为习惯，进而形成严谨务实的作风，养成爱岗敬业精神

结合踏面制动装置结构及原理的知识讲授，适时融入新技术、新工艺的讲解，说明国家在基础制动的设计和制造方面取得的成就，逐步培养爱国情怀、专业认同感与民族自豪感等

可能存在的问题：

1. 未按规定着装或使用工装设备，将危及人身作业安全
2. 闸瓦掉落到地面，将可能砸伤设备或人员
3. 测量间隙值时，存在手被夹伤的危险
4. 闸瓦安装时，存在闸瓦反装的可能

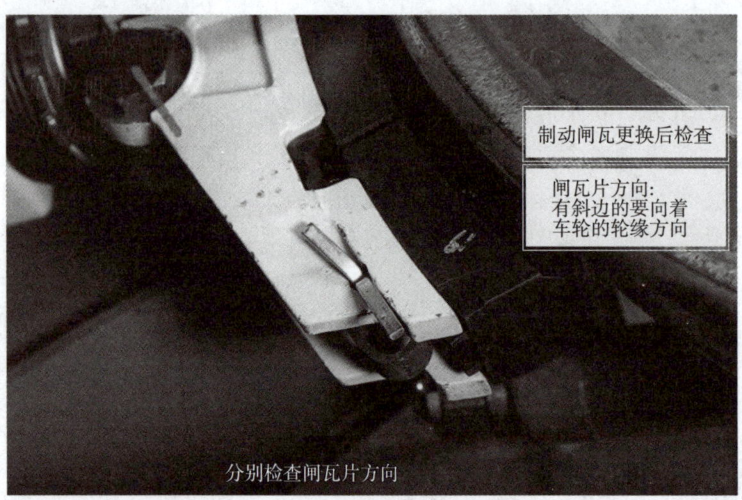

分别检查闸瓦片方向

5. 作业完成后，存在忘记清理场地、分类收集废旧部件的可能

二、分解踏面制动装置（数字资源网址：http://mooc.icve.com.cn/）

以某地铁车辆上使用的 PEC7 型踏面制动装置为例，描述分解踏面制动装置的作业流程，见表 4-2。

表 4-2　分解踏面制动装置

<table>
<tr><th colspan="3">分解踏面制动装置作业指导书</th></tr>
<tr><td colspan="3">项目:分解踏面制动装置</td></tr>
<tr><td colspan="3">维护时间:大修</td></tr>
<tr><td colspan="2">工装工具:胶锤、卡簧钳、开口扳手、3 kg 铁锤、套筒、螺丝刀(螺钉旋具)等</td><td>作业材料:无</td></tr>
<tr><td colspan="3">安全防护及注意事项:
1. 确认悬臂吊吊稳装置,防止重物砸伤设备或人员
2. 确认专用工装卸力弹簧,防止弹簧储能伤人</td></tr>
<tr><td colspan="3">作业位置区域:专用工位</td></tr>
<tr><th>作业步骤</th><th>作业程序及标准</th><th>技术要求</th></tr>
<tr><td>1</td><td>用铁锤打直开口销后,拉出开口销</td><td></td></tr>
<tr><td>2</td><td>用专用铁棒敲松闸瓦钎后,再用专用一字螺丝刀拉出闸瓦钎</td><td></td></tr>
<tr><td>3</td><td>对闸瓦编码配对后,取下闸瓦</td><td></td></tr>
<tr><td>4</td><td>用开口扳手限位闸瓦托连接螺栓头,用套筒拆下自锁螺母</td><td>30#</td></tr>
<tr><td>5</td><td>用套筒拆下闸瓦托叠型弹性螺母</td><td>46#</td></tr>
<tr><td>6</td><td>用外卡簧钳取出闸瓦托拉杆连接销卡簧,用专用螺栓敲松连接销后,拉出连接销</td><td></td></tr>
<tr><td>7</td><td>拉出闸瓦托连接螺栓,用工装压开闸瓦托复位扭簧,取出闸瓦托拉杆</td><td></td></tr>
<tr><td>8</td><td>拉出闸瓦托连接螺栓衬套,取下闸瓦托</td><td></td></tr>
<tr><td>9</td><td>用内六角扳手拆下 4 颗螺栓</td><td>10#、M12 × 30 mm</td></tr>
<tr><td>10</td><td>用胶锤轻轻敲下停放缸体</td><td></td></tr>
<tr><td>11</td><td>用开口扳手限位停放缸勾贝销一端的螺栓,用套筒拆下另一端螺栓</td><td>17#</td></tr>
<tr><td>12</td><td>用专用螺栓敲松停放缸勾贝销后,拉出勾贝销,取出停放缸勾贝</td><td></td></tr>
<tr><td>13</td><td>给常用缸充气,放入常用缸活塞限位叉</td><td>内有压缩弹簧,必须放入限位叉后方可进行后续作业</td></tr>
<tr><td>14</td><td>用套筒拆下常用缸活塞导向螺栓</td><td>46#</td></tr>
<tr><td>15</td><td>用内六角扳手拆下 4 颗螺栓</td><td>10#、M12 × 90 mm</td></tr>
<tr><td>16</td><td>取下常用缸,取出常用缸活塞</td><td></td></tr>
<tr><td>17</td><td>清点工具,收拾旧闸瓦、开口销,放至规定处</td><td></td></tr>
<tr><td colspan="3">课程思政:
要求学生开展检修作业时做到“一查”(检查安全措施及信号是否到位)、“二验”(检验工器具、材料、作业工装、手续是否完整)、“三禁止”(禁止穿拖鞋、禁止吃东西、禁止违规作业)、“四鼓励”(鼓励多看、多想、多问、多干)
与学生约法三章,有始有终、一以贯之,将学生的不良习惯及良好行为均纳入课程成绩,通过项目考核引导学生从小事做起、从细节做起,培养正确的劳动观念、严谨的工作作风及良好的行为习惯,进而养成精益求精及爱岗敬业的精神
结合踏面制动装置结构及原理的知识讲授,适时融入新技术、新工艺的讲解,说明国家在基础制动的设计和制造方面取得的成就,逐步培养爱国情怀、专业认同感与民族自豪感等</td></tr>
</table>

续上表

可能存在的问题:
1. 未按规定着装或使用工装设备,将危及人身作业安全 2. 结构部件掉落到地面,将可能砸伤设备或人员 3. 弹簧未经专用工装卸力,拆卸过程中存在弹簧储能伤人的危险 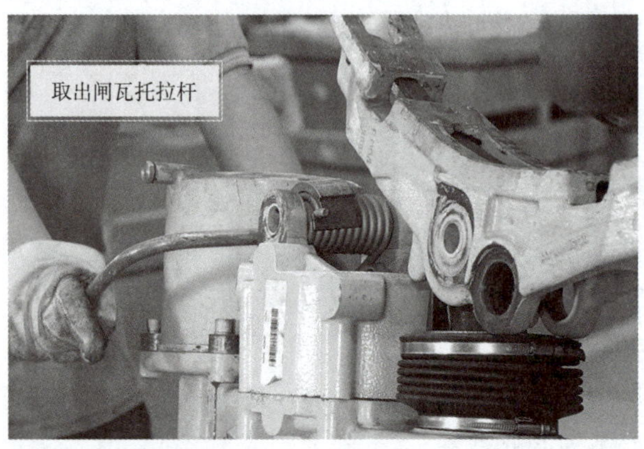 4. 作业完成后,存在忘记清理场地、分类收集废旧部件的可能

视频

踏面制动装置检查

三、检查踏面制动装置

以某地铁车辆上使用的踏面制动装置为例,描述踏面制动装置检查的作业流程,见表4-3。

表4-3 踏面制动装置检查

踏面制动装置检查作业指导书		
项目:踏面制动装置检查		
维护时间:日检		
工装工具:电筒、套筒、游标卡尺、直尺等		作业材料:抹布、油漆笔等
安全防护及注意事项:开始作业前,注意防溜		
作业位置区域:转向架		
作业步骤	作业程序及标准	技术要求
1	a. 开始作业前,关闭司机室 b. 施加停放制动	防止意外动车
2	确认列车停放在有地沟的检修道	
3	降弓、蓄电池断电,挂“严禁合闸”牌等作业防护牌	防止合闸
4	检查踏面制动单元外观	完好、无裂纹、无破损
5	检查所有的紧固螺栓等紧固件	紧固件无松动,扭簧、开口销状态良好
6	清点工具、清理场地、恢复设备	

续上表

<table>
<tr><td>
课程思政：
要求学生开展检修作业时做到"一查"(检查安全措施及信号是否到位)、"二验"(检验工器具、材料、作业工装、手续是否完整)、"三禁止"(禁止穿拖鞋、禁止吃东西、禁止违规作业)、"四鼓励"(鼓励多看、多想、多问、多干)
与学生约法三章，有始有终、一以贯之，将学生的不良习惯及良好行为均纳入课程成绩，通过项目考核引导学生从小事做起、从细节做起，培养正确的劳动观念、严谨的工作作风及良好的行为习惯，进而形成严谨务实的作风，养成爱岗敬业精神
结合踏面制动装置检查工艺流程的实施，强调工艺流程意识，说明规范作业及工艺流程是确保设备性能正常、保障安全行车的关键，培养学生高度的责任感和使命感
</td></tr>
<tr><td>
可能存在的问题：
1. 未设置安全防护措施及信号，将危及人身作业安全
2. 紧固件存在漏检的可能
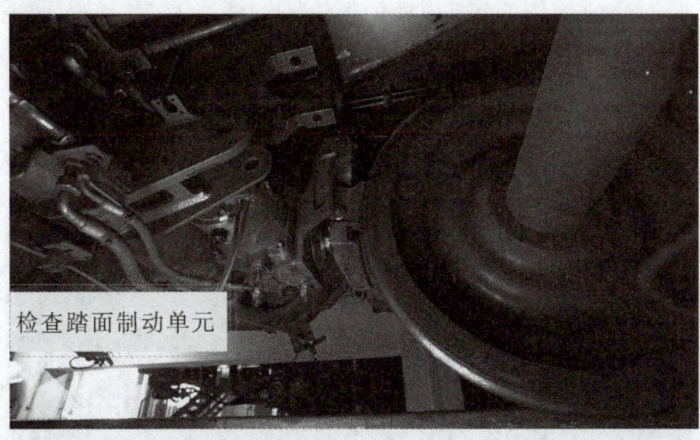

3. 作业完成后，存在忘记清理场地、恢复设备的可能
</td></tr>
</table>

四、检查制动管路

制动管路检查

以某地铁车辆上使用的踏面制动装置为例，描述制动管路检查的作业流程，见表4-4。

表4-4　检查制动管路

<table>
<tr><td colspan="3">检查制动管路作业指导书</td></tr>
<tr><td colspan="3">项目：检查制动管路</td></tr>
<tr><td colspan="3">维护时间：日检</td></tr>
<tr><td colspan="2">工装工具：电筒、游标卡尺、直尺等</td><td>作业材料：肥皂水、抹布等</td></tr>
<tr><td colspan="3">安全防护及注意事项：开始作业前，注意防溜</td></tr>
<tr><td colspan="3">作业位置区域：车底</td></tr>
<tr><td>作业步骤</td><td>作业程序及标准</td><td>技术要求</td></tr>
<tr><td>1</td><td>a. 开始作业前，关闭司机室
b. 施加停放制动</td><td>防止意外动车</td></tr>
<tr><td>2</td><td>确认列车停放在有地沟的检修道</td><td></td></tr>
<tr><td>3</td><td>降弓、蓄电池断电，挂"严禁合闸"牌等作业防护牌</td><td>防止合闸</td></tr>
<tr><td>4</td><td>检查管路外观有无干涉现象</td><td>管路完好、无裂纹</td></tr>
</table>

续上表

<table>
<tr><th>作业步骤</th><th>作业程序及标准</th><th>技术要求</th></tr>
<tr><td>5</td><td>将肥皂水覆盖在管路接口表面，检查制动单元各管路接口是否有漏气现象</td><td>无气泡持续喷出</td></tr>
<tr><td>6</td><td>清理场地、恢复设备</td><td></td></tr>
<tr><td colspan="3">课程思政：
要求学生开展检修作业时做到“一查”（检查安全措施及信号是否到位）、“二验”（检验工器具、材料、作业工装、手续是否完整）、“三禁止”（禁止穿拖鞋、禁止吃东西、禁止违规作业）、“四鼓励”（鼓励多看、多想、多问、多干）
与学生约法三章，有始有终、一以贯之，将学生的不良习惯及良好行为均纳入课程成绩，通过项目考核引导学生从小事做起、从细节做起，培养正确的劳动观念、严谨的工作作风及良好的行为习惯，进而形成严谨务实的作风，养成爱岗敬业精神
结合制动管路检查工艺流程的实施，强调工艺流程意识，说明规范作业及工艺流程是确保设备性能正常、保障安全行车的关键，培养学生高度的责任感和使命感</td></tr>
<tr><td colspan="3">可能存在的问题：
1. 未设置安全防护措施及信号，将危及人身作业安全
2. 存在管路及接口漏检的可能
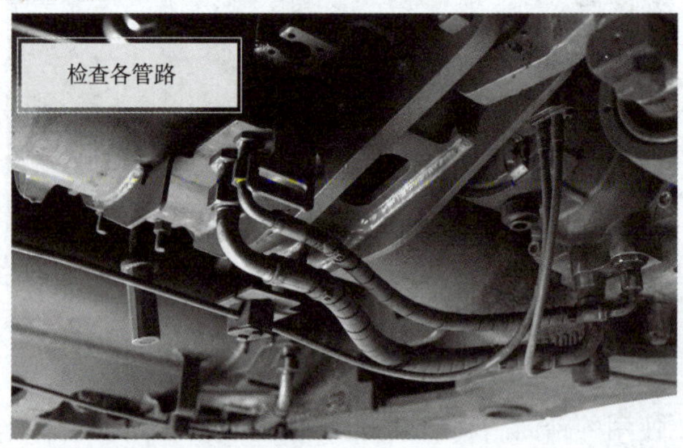

3. 作业完成后，存在忘记清理场地、恢复设备的可能</td></tr>
</table>

任务二　检修盘形制动装置

活动 1　知识准备

盘形制动根据制动盘的位置，分为轴盘式和轮盘式。在结构允许的条件下，可优先考虑采用轴盘式制动盘。轴盘式可在每根轴上安装两个、三个甚至四个制动盘使制动功率达到黏着条件允许的最大值，以满足列车制动的需要，但制动盘拆卸时需卸下车轮，检修困难。轮盘式结构的优点是节省空间，制动轮盘在磨耗后，容易拆卸和安装，但在制动时摩擦产生的热量有一部分会传递到车轮上，而且制动轮盘会增加簧下重量，对高速运行不利。

盘形制动方式的基础制动装置由制动夹钳、闸片及轮对上安装的制动盘组成。制动夹钳分为两种，一种是不带停放制动的制动夹钳，另一种是带停放制动的制动夹钳。

一、结构

以 WZK 型盘形制动装置为例，该盘形制动装置是气动控制的制动夹钳，与安装在轮对上的制动盘共同作用产生摩擦，形成制动力，可分为带停放制动和不带停放制动两种结构，用于执行列车常用制动、快速制动和紧急制动的气制动功能。制动夹钳为模块化设计，主要由单独制动气缸、自动间隙调整装置、制动杆、偏心轴、杠杆、制动闸片及闸片支架等组成，膜板或柱塞式风缸为制动执行器。

视 频

盘型制动单元结构、原理

制动盘是车辆制动系统的一部分，与制动夹钳共同配合形成基础制动装置，通过摩擦将动能转换为热能；分为轴装制动盘和轮装制动盘。

二、原理

压缩空气通过进气口进入夹钳气缸，推动活塞，杠杆则推动偏心轴转动，带动夹钳制动杆动作，制动闸片压上制动盘，制动力就施加到轮对上。施加过程由于闸片与制动盘之间没有间隙，间隙调整器没有调整动作，仅作为一个刚性的连杆带动制动杆动作。

活动 2　检修盘形制动装置

一、更换闸片（数字资源网址：http://mooc. icve. com. cn/）

以某地铁车辆上使用的盘形制动装置为例，描述更换闸片的作业流程，见表 4-5。

表 4-5　更换闸片

更换闸片作业指导书		
项目：更换闸片		
工装工具：螺丝刀、塞尺、专用工装等		作业材料：闸片等
安全防护及注意事项：列车安全停放、空压机断电停机		
作业位置区域：转向架		
作业步骤	作业程序及标准	技术要求
1	作业车辆停放在有地沟的检修道，施加停放制动	防止动车
2	列车降弓、断电，挂防护信号	挂“严禁合闸”牌、“正在检修、严禁动车”牌
3	关闭该架制动气路截断塞门	排出压力空气
4	按压停放制动脉冲阀，缓解停放制动	
5	用螺丝刀撬开闸片栓弹性扣，同时用手托住闸片	防止掉落
6	将良好的闸片正确装入闸瓦托燕尾槽	确保安装正确、到位
7	用螺丝刀撬入闸片栓弹性扣，确保锁闭到位，用扎带做好二级防护，防止弹性扣弹开	
8	恢复制动气路截断塞门	
9	拆除“正在检修、严禁动车”牌、“严禁合闸”牌，恢复蓄电池	
10	清点工具，收拾旧闸片，放至规定处	

续上表

<table>
<tr><td>

课程思政:

要求学生开展检修作业时做到“一查”(检查安全措施及信号是否到位)、“二验”(检验工器具、材料、作业工装、手续是否完整)、“三禁止”(禁止穿拖鞋、禁止吃东西、禁止违规作业)、“四鼓励”(鼓励多看、多想、多问、多干)

与学生约法三章,有始有终、一以贯之,将学生的不良习惯及良好行为均纳入课程成绩,通过项目考核引导学生从小事做起、从细节做起,培养正确的劳动观念、高度的责任意识及良好的行为习惯,进而养成精益求精及爱岗敬业的精神

结合盘形制动装置结构及原理的讲授,适时融入新技术、新工艺的讲解,说明国家在制动夹钳的设计和制造方面取得的成就,逐步培养爱国情怀、专业认同感与民族自豪感等

</td></tr>
<tr><td>

可能存在的问题:

1. 未按规定着装或使用工装设备,将危及人身作业安全
2. 闸片掉落到地面,将可能砸伤设备或人员

同时用手托住闸片

3. 测量间隙值时,存在手被夹伤的危险
4. 闸片安装时,存在结构反装的可能
5. 作业完成后,存在忘记清理场地、分类收集废旧部件的可能

</td></tr>
</table>

视 频

常用制动夹钳的整体分解(分解盘形制动装置)

二、分解盘形制动装置

以某地铁车辆上使用的盘形制动装置为例,描述分解盘形制动装置的作业流程,见表4-6。

表4-6 分解盘形制动装置

<table>
<tr><th colspan="2">分解盘形制动装置作业指导书</th></tr>
<tr><td colspan="2">项目:分解盘形制动装置</td></tr>
<tr><td>工装工具:风动工具、扳手、套筒、内六角扳手及专用工装等</td><td>作业材料:无</td></tr>
<tr><td colspan="2">安全防护及注意事项:
1. 确认悬臂吊吊稳装置,防止重物砸伤设备或人员
2. 确认专用工装卸力弹簧,防止弹簧储能伤人</td></tr>
<tr><td colspan="2">作业位置区域:检修车间专用工位</td></tr>
</table>

续上表

作业步骤	作业程序及标准	技术要求
1	拆卸制动夹钳闸瓦托	
2	先拆卸出 8 颗螺栓，打出销轴，取下闸瓦托	
3	拆卸安装支座 2 颗防护螺栓	
4	取下金属板，打出销轴，取下安装座	
5	清除转臂安装螺栓防水胶	
6	拆卸转臂与调整器的连接螺栓	
7	拆卸转臂安装螺栓	
8	取下转臂	
9	取下调整器	整体分解为 5 个部分：闸瓦托、转臂、安装座、壳体及调整器
10	清点工具，收拾旧闸片，放至规定处	

课程思政：

要求学生开展检修作业时做到“一查”（检查安全措施及信号是否到位）、“二验”（检验工器具、材料、作业工装、手续是否完整）、“三禁止”（禁止穿拖鞋、禁止吃东西、禁止违规作业）、“四鼓励”（鼓励多看、多想、多问、多干）

与学生约法三章，有始有终、一以贯之，将学生的不良习惯及良好行为均纳入课程成绩，通过项目考核引导学生从小事做起、从细节做起，培养正确的劳动观念、高度的责任意识及良好的行为习惯，进而养成精益求精及爱岗敬业的精神

结合盘形制动装置结构及原理的讲授，适时融入新技术、新工艺的讲解，说明国家在制动夹钳的设计和制造方面取得的成就，逐步培养爱国情怀、专业认同感与民族自豪感等

可能存在的问题：

1. 未按规定着装或使用工装设备，将危及人身作业安全
2. 结构部件掉落到地面，将可能砸伤设备或人员
3. 弹簧未经专用工装卸力，拆卸过程中存在弹簧储能伤人的危险

4. 作业完成后，存在忘记清理场地、分类收集废旧部件的可能

三、更换制动夹钳

安装制动夹钳单元前，为确保制动夹钳单元的正确安装，要检查其铭牌上的项目号是否和车辆工作时间表的要求相符。

以某地铁车辆上使用的盘形制动装置为例，描述更换盘形制动夹钳的作业流程，见表4-7。

表4-7 更换制动夹钳（带停放）

<table>
<tr><th colspan="3">更换制动夹钳（带停放）作业指导书</th></tr>
<tr><td colspan="3">项目：更换制动夹钳</td></tr>
<tr><td colspan="3">维护时间：制动夹钳大修或故障时</td></tr>
<tr><td colspan="2">工装工具：扭矩扳手、起吊装置、支撑工装、刮刀或软磨机等</td><td>作业材料：制动夹钳、销、自锁螺母、垫片、六角头螺钉、油脂、乐泰胶等</td></tr>
<tr><td colspan="3">安全防护及注意事项：确认列车无电，确认已排空制动缸、停放制动缸及相关管路中的压缩空气</td></tr>
<tr><td colspan="3">作业位置区域：转向架</td></tr>
<tr><td>作业步骤</td><td>作业程序及标准</td><td>技术要求</td></tr>
<tr><td>1</td><td>列车断电，放好铁鞋</td><td></td></tr>
<tr><td>2</td><td>缓解制动，切除制动缸截断塞门，若有停放制动装置，手动缓解停放制动装置</td><td>使单元制动缸及停放制动缸完全排气</td></tr>
<tr><td>3</td><td>查看闸片与轮对之间的间隙</td><td>确认制动完全缓解</td></tr>
<tr><td>4</td><td>转动六角头重置螺栓R，将卡钳设置在最大开度</td><td></td></tr>
<tr><td>5</td><td>从闸片托上卸下制动闸片</td><td>磨损闸片掉下</td></tr>
<tr><td>6</td><td>断开与常用制动缸及停放制动缸端口相连的压缩空气管路，拆下连接软管</td><td></td></tr>
<tr><td>7</td><td>用起吊装置提升支撑工装上的制动夹钳单元</td><td></td></tr>
<tr><td>8</td><td>从转向架上拧下四个安装螺栓，卸下支架，再用起吊装置将制动夹钳吊出车外</td><td></td></tr>
<tr><td>9</td><td>从制动夹钳上拆下支架，检查悬挂销K1、支架K2、转向架的配件和锁固板K3是否磨损或腐蚀</td><td>必须更换任何超限的部件</td></tr>
<tr><td>10</td><td>清除连接界面上的所有喷漆，涂一薄层乐泰胶</td><td></td></tr>
<tr><td>11</td><td>将制动夹钳单元调到其最大的开口度，用扳手顺时针方向旋转六角头调整螺栓R，将推力杆调节器模块拧回原位</td><td></td></tr>
<tr><td>12</td><td>在销子周围用于固定制动夹钳单元的轴套和O形环上涂油脂</td><td></td></tr>
<tr><td>13</td><td>从工装上提起制动夹钳单元，吊到转向架内</td><td></td></tr>
<tr><td>14</td><td>按规定转矩，用4个螺栓（都从上面安装）、垫片和新螺母安装支架</td><td>320 N·m</td></tr>
<tr><td>15</td><td>将制动闸片安装到闸片托上</td><td></td></tr>
<tr><td>16</td><td>将软管安装到制动夹钳单元上</td><td></td></tr>
<tr><td>17</td><td>在抗侧滚扭杆和连杆对螺栓连接处裸露的金属表面进行涂漆</td><td></td></tr>
<tr><td>18</td><td>转动六角头重置螺栓R，调整制动闸片与制动盘之间的间隙</td><td>间隙为（1.5±0.5）mm</td></tr>
<tr><td>19</td><td>清点工具，清理作业现场</td><td></td></tr>
</table>

续上表

作业步骤	作业程序及标准	技术要求
20	恢复制动缸截断塞门及缓解拉绳手柄的位置,列车送电,连续多次施加和缓解车辆制动并检查	动作灵活无卡滞,制动性能正常
21	检查安装是否紧密,用肥皂水测试接口是否有漏气现象	无异响,无气泡产生
课程思政: 要求学生开展检修作业时做到"一查"(检查安全措施及信号是否到位)、"二验"(检验工器具、材料、作业工装、手续是否完整)、"三禁止"(禁止穿拖鞋、禁止吃东西、禁止违规作业)、"四鼓励"(鼓励多看、多想、多问、多干) 与学生约法三章,有始有终、一以贯之,将学生的不良习惯及良好行为均纳入课程成绩,通过项目考核引导学生从小事做起、从细节做起,培养正确的劳动观念、高度的责任意识及良好的行为习惯,进而养成精益求精及爱岗敬业的精神 结合盘形制动装置结构及原理的讲授,适时融入新技术、新工艺的讲解,说明国家在制动夹钳的设计和制造方面取得的成就,逐步培养爱国情怀、专业认同感与民族自豪感等		
可能存在的问题: 1. 未按规定着装或使用工装设备,将危及人身作业安全 2. 结构部件掉落到地面,将引起重物砸伤危险 3. 弹簧未经专用工装卸力,拆卸过程中存在弹簧储能伤人的危险 4. 作业完成后,存在忘记清理场地、分类收集废旧部件的可能		

更换制动夹钳时的注意事项:

(1)WZK 型制动夹钳重约 60 ~ 70 kg,为确保作业人员安全,工作时必须使用适当的起吊装置和支撑工装。

(2)拆卸后的螺栓、夹子、装配件等应该松散地重新装配起来,方便明确各部件之间的装配关系并防止螺纹进灰受损。拆卸后的气动部件务必保持其清洁度,都必须装上保护帽或保护塞。

(3)拆卸下来的锁固螺母、O 形圈等必须进行更换,必须更换掉所有的螺栓。

任务三　检修防滑系统

地铁车辆、高速动车组均采用电制动和空气制动的复合制动,为保证最佳黏着利用,电制动和空气制动有各自独立的滑行保护装置,因此列车防滑系统有两套相互独立的子系统;一套是电制动时的防滑装置,另一套是空气制动时的防滑装置。本书主要介绍空气制动系统中的防滑装置结构组成。

活动 1　知识准备

一、结构

视频

防滑系统结构组成

空气制动系统中的防滑控制系统主要由防滑控制单元(MB03B 板)、速度传感器及防滑阀组成,其中防滑控制单元是防滑控制系统的核心部分。防滑装置的功能是一旦检测到因外界因素或较大的制动力引起黏着系数下降时,就立即实施控制,尽快使黏着恢复,尽量接近当时最佳的轮轨黏着条件,即再黏着恢复必须充分提高黏着利用率。

测速装置主要由速度传感器和感应棘轮组成，列车上使用的传感器通常为永久式磁电传感器。当齿轮转动时，齿轮的齿顶与齿谷交替通过传感器探头，从而切割磁力线感应出相应的脉冲信号送入 EBCU。EBCU 负责处理这些数据并且检测在制动过程中是否存在一个或多个车轮开始滑行的现象。出现滑行时，EBCU 触发防滑阀，进行防滑保护并使列车处于最优制动状态。

防滑电磁阀（简称防滑阀）主要由阀体、膜板、电磁阀等组成。

二、原理

防滑系统判断滑行的依据有多种，主要有速度差、减速度、滑移率和减速度微分等。防滑控制单元首先根据速度传感器传来的电磁脉冲信号，计算并得到每根轴的转速 n_1、n_2、n_3、n_4，再根据相应的轮对直径 D_1、D_2、D_3、D_4，计算相应的车轮线速度 v_1、v_2、v_3、v_4，通过分析每个轴的线速度信号，将 4 个轴速中的最高值定为列车速度，即参考速度，又称第五轴速度。

EBCU 利用 5 个轴速作为基础数据进行计算和判断，当检测得出车轮的减速度、速度与参考速度、减速度的差值超出或达到一定数值时，EBCU 则判断车轮滑行，向防滑阀发出缓解指令，电磁阀得电，使防滑阀排风，降低制动缸中的空气压力，从而控制 1、2、3、4 四轴中发生滑行的轴恢复转动，完成一次滑行保护动作。

活动 2　检修防滑系统

一、处理故障代码 0400 的故障

参照 CRH1 型动车组故障处理步骤，描述防滑系统故障不同时的处理流程。

视 频

防滑系统故障分析及处理（故障代码 0400）

1. 故障现象

车组在停车换端过程中，车组边门自动关闭，DSD 报警，无法启动自动制动试验，关闭 DSD 后方可启动自动制动试验，故障代码为 0400。

2. 原因分析

从 DSD 报警和边门自动关闭可以判断车组此时有一个大于 2 km/h 以上的车组速度，其原因是防滑系统中的某个速度传感器故障，在列车静止状态下发出一个大于 2 km/h 以上的车组速度，导致车组自动关闭车门。

3. 处理步骤

处理故障代码 0400 的故障见表 4-8。

表 4-8　处理故障代码 0400 的故障

处理故障代码 0400 的故障作业指导书	
项目：处理故障代码 0400 的故障	
维护时间：防滑系统故障时	
工装工具：扭矩扳手、万用表等	作业材料：速度传感器、抹布等
安全防护及注意事项：确认列车无电，确认列车施加停放制动	
作业位置区域：转向架	

续上表

作业步骤	作业程序及标准	技术要求
1	列车断电，施加停放制动	防止列车溜逸
2	如果 DSD 报警，无法启动自动制动试验的故障一直存在，用 RS232 串行接口的电缆连接 EBCU 和外接电脑	故障代码 0400
3	通过制动软件对速度传感器进行监测	更换出现速度信号的传感器
4	如果该故障为活故障，则要依次测量各个传感器的电阻值，若传感器电阻在 300 Ω 左右，则可判断传感器故障	通常传感器的阻值为无穷大
5	对检测到故障的传感器进行更换	打上规定转矩
6	防滑故障处理完毕后，按压 S3 清除故障	MMI 屏显示“9999”
7	按 S2 运行防滑试验	依次听到 4 声排气声
8	清点工具，清理场地，恢复相关设备	

课程思政：

要求学生开展检修作业时做到“一查”（检查安全措施及信号是否到位）、“二验”（检验工器具、材料、作业工装、手续是否完整）、“三禁止”（禁止穿拖鞋、禁止吃东西、禁止违规作业）、“四鼓励”（鼓励多看、多想、多问、多干）

与学生约法三章，有始有终、一以贯之，将学生的不良习惯及良好行为均纳入课程成绩，通过项目考核引导学生从小事做起、从细节做起，培养正确的劳动观念、严谨的工作作风及良好的行为习惯，进而形成严谨务实的作风，养成爱岗敬业精神

结合防滑控制原理逻辑推导故障原因，通过实际故障排除，适时融入新技术、新工艺的内容，说明企业员工技术技能水平及职业素质的高低严重影响正常行车，以培养爱党爱国情怀、专业认同感及民族自豪感等

可能存在的问题：

1. 未设置安全防护措施及信号，将危及人身作业安全
2. 存在防滑故障误判的可能

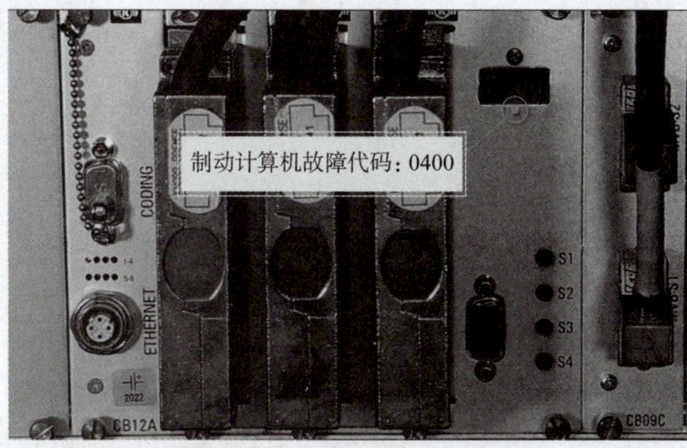

3. 故障排除后，存在漏做防滑试验的可能
4. 作业完成后，存在忘记清理场地、恢复设备的可能

视　频

防滑系统故障分析及处理（故障代码 1102）

二、处理故障代码 1102 的故障

参照 CRH1 型动车组故障处理步骤，描述防滑系统不同故障时的处理流程。

1. 故障现象

速度传感器异常，列车的车速计算值减小，导致防滑系统误判，制动计算机故障代码为 1102。

2. 原因分析

因传感器短路或传感器断路而导致列车的车速计算值减小。

3. 处理步骤

处理故障代码 1102 的故障见表 4-9。

表 4-9 处理故障代码 1102 的故障

处理故障代码 1102 的故障作业指导书		
项目：处理故障代码 1102 的故障		
维护时间：防滑系统故障时		
工装工具：扭矩扳手、万用表等		作业材料：速度传感器、抹布等
安全防护及注意事项：确认列车无电，确认列车施加停放制动		
作业位置区域：转向架		
作业步骤	作业程序及标准	技术要求
1	列车断电，施加停放制动	防止列车溜逸
2	速度传感器异常，列车的车速计算值减小	故障代码 1102
3	重新接插传感器并检测传感器值	
4	与其他轴的速度值进行比较	
5	更换速度差值超限的故障传感器	
6	防滑故障处理完毕后，按压 S3 清除故障	MMI 屏显示“9999”
7	按 S2 运行防滑试验	依次听到 4 声排气声
8	清点工具，清理场地，恢复相关设备	

课程思政：

要求学生开展检修作业时做到“一查”(检查安全措施及信号是否到位)、“二验”(检验工器具、材料、作业工装、手续是否完整)、“三禁止”(禁止穿拖鞋、禁止吃东西、禁止违规作业)、“四鼓励”(鼓励多看、多想、多问、多干)

与学生约法三章，有始有终、一以贯之，将学生的不良习惯及良好行为均纳入课程成绩，通过项目考核引导学生从小事做起、从细节做起，培养正确的劳动观念、严谨的工作作风及良好的行为习惯，进而形成严谨务实的作风，养成爱岗敬业精神

结合防滑控制原理逻辑推导故障原因，通过实际故障排除，适时融入新技术、新工艺的内容，说明企业员工技术技能水平及职业素质的高低严重影响正常行车，以培养爱党爱国情怀、专业认同感及民族自豪感等

可能存在的问题：

1. 未设置安全防护措施及信号，将危及人身作业安全
2. 存在防滑故障误判的可能
3. 故障排除后，存在漏做防滑试验的可能

按S2运行防滑试验

4. 作业完成后，存在忘记清理场地、恢复设备的可能

三、处理故障代码 X402/X302 的故障

视频

防滑系统故障分析及处理(故障代码 X402/X302)

防滑阀出现功能故障时,应尽量在安装好的状态下查找原因,并按处理步骤排除故障。参照 CRH1 型动车组故障处理步骤,描述防滑系统不同故障时的处理流程。

1. 故障现象

控制某轴的防滑阀出现异常,相应轴上的车轮存在擦伤的危险。防滑阀断路时制动计算机故障代码为 X402,防滑阀短路时制动计算机故障代码为 X302。

2. 原因分析

该故障一般由线路或防滑阀故障引起,如防滑阀接头处存在进水腐蚀、长期氧化导致短路,插头接触不良或 MB03B 板卡处接触不良等原因。

3. 处理步骤

处理故障代码 X402/X302 的故障见表 4-10。

表 4-10　处理故障代码 X402/X302 的故障

处理故障代码 X402/X302 的故障作业指导书		
项目:处理故障代码 X402/X302 的故障		
维护时间:防滑系统故障时		
工装工具:螺丝刀、万用表等		作业材料:接线端子、抹布等
安全防护及注意事项:确认列车无电,确认列车施加停放制动		
作业位置区域:车底		
作业步骤	作业程序及标准	技术要求
1	列车断电,施加停放制动	防止列车溜逸
2	防滑阀断路或短路,制动计算机报故障	查看故障代码
3	检查和使用制动软件检测 MB03B 板卡的数据是否正常	
4	对调无故障车板卡	
5	检查防滑阀的接线插头是否存在腐蚀或氧化情况	如有,则进行清洁处理,并重新接插
6	检查制动控制单元中的插头是否存在插针短路情况	如有,则处理后需重新接插
7	防滑故障处理完毕后,按压 S3 清除故障	MMI 屏显示“9999”
8	按 S2 运行防滑试验	依次听到 4 声排气声
9	清点工具,清理场地,恢复相关设备	
课程思政: 要求学生开展检修作业时做到“一查”(检查安全措施及信号是否到位)、“二验”(检验工器具、材料、作业工装、手续是否完整)、“三禁止”(禁止穿拖鞋、禁止吃东西、禁止违规作业)、“四鼓励”(鼓励多看、多想、多问、多干) 与学生约法三章,有始有终、一以贯之,将学生的不良习惯及良好行为均纳入课程成绩,通过项目考核引导学生从小事做起、从细节做起,培养正确的劳动观念、严谨的工作作风及良好的行为习惯,进而形成严谨务实的作风,养成爱岗敬业精神 结合防滑控制原理逻辑推导故障原因,通过实际故障排除,适时融入新技术、新工艺的内容,说明企业员工技术技能水平及职业素质的高低严重影响正常行车,以培养爱党爱国情怀、专业认同感及民族自豪感等		

续上表

可能存在的问题：
1. 未设置安全防护措施及信号，将危及人身作业安全 2. 存在防滑故障误判的可能 3. 存在插针或插头故障误判的可能 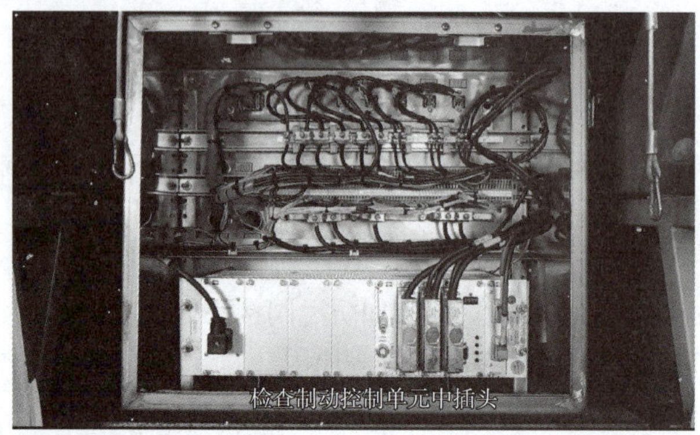 检查制动控制单元中插头 4. 故障排除后，存在漏做防滑试验的可能 5. 作业完成后，存在忘记清理场地、恢复设备的可能

视 频

防滑系统故障分析及处理(防滑阀排气阀故障)

四、防滑阀排气阀故障

参照 CRH1 型动车组故障处理步骤，描述防滑系统不同故障时的处理流程。

1. 故障现象

表现为排气阀异常，阀体排风不止，安全监控引发故障，该轴的防滑功能关闭，制动计算机代码为 1002。

2. 原因分析

原因 1：防滑阀在关闭位或中立位时关闭不严，导致制动管压力泄漏。

原因 2：MB03B 板故障。

3. 处理步骤

处理故障代码 1002 的故障见表 4-11。

表 4-11 处理故障代码 1002 的故障

处理故障代码 1002 的故障作业指导书		
项目：处理故障代码 1002 的故障		
维护时间：防滑系统故障时		
工装工具：螺丝刀、万用表等		作业材料：接线端子、抹布等
安全防护及注意事项：确认列车无电，确认列车施加停放制动		
作业位置区域：车底		
作业步骤	作业程序及标准	技术要求
1	列车断电，施加停放制动	防止列车溜逸
2	检查排气阀是否经常排风	查看故障代码
3	若阀体排风不止，更换故障防滑阀	

续上表

作业步骤	作业程序及标准	技术要求
4	若阀体无故障，对调无故障车 MB03B 板卡	
5	防滑故障处理完毕后，按压 S3 清除故障	MMI 屏显示“9999”
6	按 S2 运行防滑试验	依次听到 4 声排气声
7	清点工具，清理场地，恢复相关设备	

课程思政：

要求学生开展检修作业时做到“一查”（检查安全措施及信号是否到位）、“二验”（检验工器具、材料、作业工装、手续是否完整）、“三禁止”（禁止穿拖鞋、禁止吃东西、禁止违规作业）、“四鼓励”（鼓励多看、多想、多问、多干）

与学生约法三章，有始有终、一以贯之，将学生的不良习惯及良好行为均纳入课程成绩，通过项目考核引导学生从小事做起、从细节做起，培养正确的劳动观念、严谨的工作作风及良好的行为习惯，进而形成严谨务实的作风，养成爱岗敬业精神

结合防滑控制原理逻辑推导故障原因，通过实际故障排除，适时融入新技术、新工艺的内容，说明企业员工技术技能水平及职业素质的高低严重影响正常行车，以培养爱党爱国情怀、专业认同感及民族自豪感等

可能存在的问题：

1. 未设置安全防护措施及信号，将危及人身作业安全
2. 存在防滑故障误判的可能

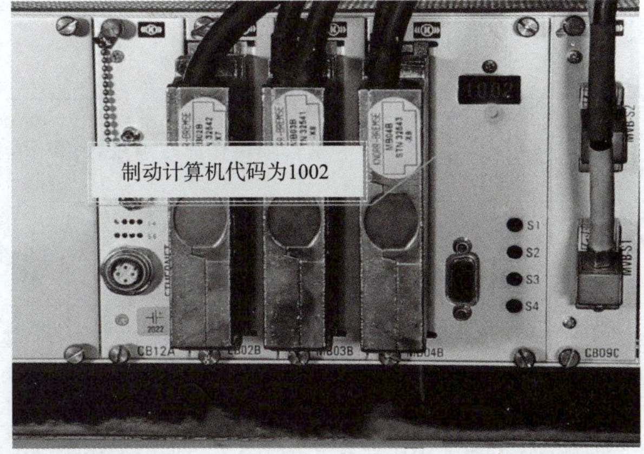

3. 存在插针或插头故障误判的可能
4. 故障排除后，存在漏做防滑试验的可能
5. 作业完成后，存在忘记清理场地、恢复设备的可能

练　习　题

请在完成基础制动及防滑系统的每项检修任务之后，填写下列任务单。

1. 任务准备单

检修任务		学时数	____学时
工作情境			

续上表

知识搜集方式（请选择）	□教材等图书资料 □慕课 □网络搜索 □企业调研 □小组研讨		
参考资料（请选择）	□教材 □检修视频 □课件 □作业指导书 □厂商技术资料		
任务描述	（参考示例：通过分析空压机油更换的工作任务，制订当天作业计划，确定 2 人协同完成作业；明确检修作业的安全注意事项，提前熟悉车底的工作场景及更换空压机油的工艺流程，确保已设置列车防护信号、列车防溜措施；准备更换空压机油的工器具材料，包括机油、抹布、内六角扳手、扭矩扳手等；预热空压机，排油、清洗、注油、拧紧并防松，试验合格后完工清理）		
课前准备	工具要求	材料要求	预习知识要求

2. 成绩报告单

（________________）检修项目作业成绩报告单								
班级				小组	第（ ）小组	姓名		
检修任务								
典型工作过程		小组制作 PPT 或现场汇报工作流程						
遇到的问题及处理方法								
过程项目		课前准备（10%）	小组合作（10%）	防护信号（10%）	工艺流程（40%）	安全作业（10%）	技能水平（10%）	职业素养（10%）
评分	自评							
	互评							
	教师评							
合计								
教师签字				日期				